U0120206

后浪出版公司

The Post-war
Economic History

战后
日本经济史

张玲｜译　[日] 野口悠纪雄 著

Of
Japan

从喧嚣到沉寂的70年

民主与建设出版社
· 北京 ·

飘摇的形象，你们又渐渐走近，

从前曾经在我模糊的眼前现形。

这回我可是要将你们牢牢握紧？

歌德《浮士德 悲剧 第一部》①

---

① 此段译文摘自歌德著、董问樵译《浮士德》。

前　言

对日本的社会和经济，我有一种不可思议的感觉。仿佛我过去只是模模糊糊地意识到的那些问题，经过之后各种各样的事情，它们才逐渐具备了让人无法否认的清晰轮廓。

本书关于战后日本经济基本结构的观点，是我以前就有的。但是，在如何评价它的问题上，我之前还没有形成确定的看法。所以在第二次世界大战结束 50 周年的 1995 年，面对"我们应该肯定日本迄今为止的经济结构，还是应该否定它"这个问题，我可能还无法做出不自相矛盾的回答。

但是现在，我则可以做出明确的回答。因为我已经清楚地看到了问题的核心所在。所以我现在需要把它表述出来。

这就是我写作本书的理由。

我们 1940 年前后出生的这一代人，在生活和工作中，亲身经历了日本经济的潮起潮落。我们从学校走向社会时，日本经济刚刚开始高速增长，其速度在世界上也属罕见。在各自工作领域的最前线，我们每个人都曾经担负了发展经济的重任。同时，我们也目睹了日本产品横扫世界市场的情景。但是，当我们临近退休时，却又不得不眼睁睁地看着日本经济走向衰落，前途未卜。换句话说，我们这代人见证了战后日本经济涨落起伏的整个周期。因此只要把我们的经历汇集到一起，大概就能写成一部日本战后经济史。

不过本书并不打算像流水账一样记录过去发生的各种事情，也不打算写成我的私人回忆录。我希望在这本书里，展现一个连贯的过程，对过去发生的事情加以定位，根据从中得出的认识，来正确面对"我们现在身处何方"的问题。

为了达到这个目的，我将开篇提到的观点作为本书的核心。用经济学的术语来说，就是提炼出一个日本经济结构的模式，由此来评价日本战后70年的经济发展。

然后，我还将通过这个模式来抓住日本构筑未来的线索。不过我想预先提醒大家，我们由此展望到的并非五彩缤纷的未来。希望这本书能够剥开多年以来一直被灌输给人们，让人们充满期待的那些假象，为日本的未来敲响警钟。

本书在附录"战后七十年回顾年表"中专门设了"个人历史记录栏"，读者也可以记录下您自己的战后史。如果将个人的生活和工作经历与表格前一栏中的世界和日本大事加以对照，您的回忆将会变得更加鲜明。

本书出版得到了东洋经济新报社出版局长山崎豪敏先生、周刊东洋经济编辑委员长谷川隆先生以及该社出版局伊东桃子女士的大力帮助，在此谨向他们致以衷心感谢。

野口悠纪雄

目 录

序 章

3 月 10 日，侥幸活了下来

我的记忆始于 1945 年 3 月 10 日深夜。

空袭引发的大火映红了天空，空中的美军 B–29 轰炸机编队正朝着我们飞过来。强大的敌人杀过来了！我们对此却束手无策。那种极度恐惧的感觉，我至今记得清清楚楚。

奶奶、妈妈、姐姐和我戴着防空头巾，用婴儿车推着年幼的妹妹，一家五口跌跌撞撞地路过了地藏菩萨，冲向附近小学的地下防空洞。我现在还记着那时连滚带爬的狼狈景象。然后，我们幸运而偶然地活了下来。

和我们一同躲在防空洞里的人大部分都窒息而死。人太多，空间太小，长时间缺乏氧气，从最里面的位置开始，很多人依次因窒息死亡。我们一家只是偶然待在入口附近，还能呼吸到从门缝进来的稀薄空气，才幸免于难。

第二天早晨，被警防团的人们拖出防空洞时，全家人都已经失去了意识。醒来之后，我们看到烧焦的尸体在操场上堆成了小山。那一刻，东京的天空晴得没有一丝云彩。

这就是"东京大空袭"。那一夜的经历如此强烈地震撼了刚过 4 岁的我，甚至抹去了之前所有的记忆。

从空袭开始的深夜到大火被扑灭的短短 8 个小时里，约有 10 万人失去了生命。如此之短的时间之内，如此之多的人们在同一地区死亡，这在人类的历史上也属罕见（关东大地震的遇难者在两天之内达到 10 万。广岛原子弹爆炸导致到 1945 年 12 月为止累计约 14 万人遇难）。

造成死亡人数如此巨大的原因主要有两个。第一，日军根本无法抵御美军的轰炸。日军没有战斗机在空中应战，高射炮部队仅仅打出大约 500 发炮弹便被轰炸得溃不成军。所以 334 架（也有人说 279 架）B-29 轰炸机，在 1 500～3 000 米的低空，大摇大摆地飞进东京上空。东京市民就这样在毫无防备的状态下，赤裸裸地被暴露在美军面前。

百姓当时并不了解这一事实，而美军却是知道的。他们的轰炸机为了防止相互碰撞，都亮着尾灯。很多人误以为这些毫不掩饰地低空飞行的是友军飞机。

我清楚地记得当时看见了 B-29 轰炸机，可是既然 B-29 是在 1 万米高空飞行，肉眼怎么可能看得到呢？一直以来，我都怀疑那是自己的幻觉。而现在我的记忆终于得到证实，因为肉眼的确可以看见在 1 500 米的高度飞行的飞机。

造成死亡人数众多的第二个原因是，美军周到、科学且高效的空袭计划。美军首先划定了东西 5 公里、南北 6 公里的长方形区域，在边界投下燃烧弹形成火墙。这样后边的飞队就可以根据这个标志准确地进行轰炸。而在地面上，百姓却被火墙堵住了逃路。我家的位置靠近这个长方形的西北角，如果朝着西北方向跑，或许可以逃脱。然而当时在地面上根本不可能知道这个情况。很多人以为跑到水边就可以活命，都朝隅田川^①跑去。对岸的人也出于同样的理由跑过来，人们在桥上挤成一团，动弹不得。这时美军抛下燃烧弹，造成了一场人间惨剧。我很长时间都不敢接近这座言问桥，直到现在，大桥两端的桥柱上还残留着黑黢黢的印迹，那是当时火中丧生的人们留下的无法磨灭的痕迹。

据说逃到防空洞时，母亲曾经绝望地说："我们逃不到隅田川了，就死在这儿吧。"姐姐听了非常难过，不甘心就那么死掉。而从结果看来，母亲误打误撞地做出了正确的决定。

指挥这次空袭的美军司令是柯蒂斯·李梅少将，他在几个月前刚刚将德国的历史名城德累斯顿夷为平地。而日本政府后来竟然为他颁发了勋章。

从此不再信任"国家"

防空洞里那么多因窒息而死去的人们，他们一定以为越靠

---

① 隅田川：河流名称，于东京都北区的新岩渊水门与荒川分流，注入东京湾。后文的言问桥即为连接隅田川两岸的桥梁之一。——译者注（后文如未特别注明，均为译者注）

里面越安全。我们一家之所以停留在入口附近，也不过是因为来得晚，已经挤不进去了。当时老百姓对于防空洞可能导致窒息的危险实在是一无所知。

后来我才知道，在德国，政府早就教育民众在防空洞避难时，要警惕窒息危险。进入防空洞后，应该在相当于地板、人的腰部和头部的这三个高度分别点燃灯火，如果最高处的灯火熄灭，就要立即开启换气装置。或者如果地板上的灯火熄灭，要立即站起来；如果位于腰部高度的灯火熄灭，要将孩子抱起来；如果位于头部高度的灯火熄灭，则即便外面的炮火再猛烈也要立即逃离防空洞。

可是在日本，政府不但没有告诉民众防空洞可能发生窒息的危险，还要求民众"遇到燃烧弹起火要立即扑灭"。美军在东京大空袭中使用的燃烧弹具有与在越南战争中用来烧毁森林的凝固汽油弹同等的威力。它的燃烧性能比汽油还要强，果冻状燃料的燃烧温度可以高至 1 000 度左右，根本不可能用水扑灭。这样高威力的燃烧弹，当天有 20 万颗以上（也有人说是32 万颗）被美军从高空投下，平均每平方米就有 3 颗。也有许多百姓因为忙于扑灭大火而丧失了逃生的机会。

3 月 10 日的这次经历，是我不再信任所谓"国家"的原点。因为当极端的危机降临在老百姓头上时，国家并没有救助我们，而且甚至连危机的到来都没有告诉我们。

对国家的疑问还不只这些。后来我了解到，第二次世界大战末期，当苏联攻入德国时，为了保护被波兰从本土隔离的东普鲁士地区居民免遭苏军凌虐，德国海军元帅卡尔·邓尼茨派出全部海军舰队将当地居民尽数救出。而日本是怎样做的呢？半藤一利在其著作中曾有这样的记述：

> 对于已经做好战败准备的国家来说，其军队最紧要的任务就是保护进攻地区和被占领地区的平民百姓的安全。翻开欧洲战争史，我们不难看到他们是如何拼死做到这一点的。而日本，无论国家还是军队对于这种战败国的国际常识都不了解……对于在决战阶段迎击登陆美军之际，应该如何处置前来避难的无辜百姓这个实际问题，据说日本陆军中央参谋给出的回答竟是："没办法，轧死他们继续前进。"

此外，战后以来我一直感到疑惑的是，在1945年5月8日德国投降以后，日本为何还要继续战争？即使是6月才停战，也将会改写无数日本人的悲惨命运。最近我终于找到了答案。原因就是战争的指挥者们谁也不愿意承担责任，所以投降的决定才被一拖再拖。

6月以后仍然持续的战争，使多少日本人毫无意义地丢掉了宝贵生命！5月以后，为了胜利无望的战争而被迫卖命的士兵们又是带着怎样的心情，坚守在绝望的战场！

我幸运地没有在3月10日那天变成烧焦的尸体，也没有成为在战争中失去双亲的孤儿（即使能够幸存，如果只剩下自己一个人，我一定也会像其他战争孤儿一样，不得不一直在上野的过街通道里徘徊度日）。后来我也没有被征兵，活着迎来了"战后70年"。这些偶然的幸运一次次重合，使我有幸在命运之门开开合合的瞬间，艰难地穿过那些缝隙。回首过去，唯一的解释就是，这是个奇迹。

1940年前后，改革派官僚改变了日本

就在我们险些死于防空洞那年的5年前，一群被称作"改革派官僚"的人正在试图改变日本。

为了确保在第二次世界大战中取得胜利，他们建立起"国家总动员体制"，将全国所有资源都用来为战争服务。他们为此制定的经济制度，在战后几乎原封不动地被继承下来，成为战后日本的基础。

关于这个经济制度，本书会在后文多次提及，这里姑且简单地介绍一下。

所谓改革派官僚，是指被派到伪满洲国参与"国家管理"的一群官僚，其中心人物之一是岸信介。他于1939年从伪满洲国回到日本担任商工省次官，1941年又在东条内阁担任商工大臣，积极地拉拢亲信扫除异己。以岸信介为中心的"统制派"将商工省的大权紧握在手中。根据岸信介及其心腹、主导"统制派"的椎名悦三郎的姓氏，这群官僚也被称为"岸－椎名阵线"。

其理念是对产业实行国家统制。他们认为企业必须为公共

利益做奉献，而不得追求私利。此外，也不允许不劳而获的特权阶级的存在。

事实上，岸的目标是建设日本式的社会主义经济。对此，阪急电铁公司的创办者、战前日本企业家的代表人物、时任商工大臣的小林一三曾毫不客气地批判商工省次官岸信介为"赤色分子"。

岸信介们所信奉的思想当时正在世界范围内不断扩张。德国是"德国社会主义劳动党（纳粹）"获得了政权。就连资本主义大本营的美国，富兰克林·罗斯福政权的新政派也接二连三地抛出了政府主导型政策。

金融财政制度大改革

岸信介们在对产业实行国家统制的同时，对金融领域也进行了大规模改革。

战前的日本，企业主要依靠发行股票或公司债券的直接金融方式来筹集资金。靠向银行贷款来获得资金的间接金融所占比例较小。对此，改革派官僚制定了一系列政策，排除股东对企业的支配，确立"银行中心主义"，改由日本兴业银行等银行为企业提供资金。

1942 年制定的《日本银行法》标志着这种统制式金融改革的完成。该法第二条"日本银行必须以达成国家目标为使命进行运营"，明确规定了战时经济体制的基本理念。

1940 年，税收财政制度也进行了大刀阔斧的改革。首先通过导入源泉征收制度 ① 强化了对个人所得税的征收。日本是继德国之后，世界上第二个导入源泉征收制度的国家。同时，法人税也被确立为一个独立的税种，从而改变了日本过去以间接税为主的税收体系，开始直接向制造业等现代经济部门征税。按照新的制度，税收不经过地方政府直接交给国家，再由国家拨款给地方的模式初步形成。

此外，农地改革的准备工作也取得进一步进展。地主是造成战前日本农村极端贫困的主要原因。佃农租种地主土地，用收成来缴付地租，地租平均高达收成的一半。所以农村的生活状态一直停留在一百多年前江户时代的水准。

中央政府的很多官僚早已深感农村改革的必要。特别是农政官僚中有些人的改革意识更为强烈。他们于 1942 年制定了《粮食管理法》。该法规定，佃农将粮食缴纳到国家，国家付款给农民，农民再用其中的一部分向地主缴付地租。通过这项法令，地租由实物支付变为现金支付，农村的状况大为改观。

由于地租为政府规定的固定金额，不随物价变动，因此随着战后的通货膨胀，农民的实际负担大幅减少。1940 年高达农民总收成 50.5% 的地租，到了 1945 年已经实质上减至 18.3%，租地制度成了徒有其表的存在。此外，政府还制定了"双重米价制度"。也就是说，在收购粮食时对农民和地主采用

---

① 源泉征收制度又叫预扣所得税制度，指由支付酬金的人先行扣下应纳的所得税并缴纳给税务机关。一般适用于工资、退休金、利息分红和稿酬等。

双重标准。政府以高价收购农民的粮食，但是对从地主手中收购的粮食却设定低价，这个制度也降低了地主的地位。通过这一系列措施，江户时代以来一直未见起色的日本农村在战时体制下发生了巨大改变。

上述这些改革，均以赢得战争胜利为最终目的。岸信介们对企业所实行的改革，是把企业作为国家的工具，使企业的生产活动以满足战争需要为重心。从直接金融向间接金融的改革，则是为了从产业资金供给方面支持和强化上述机制。而租税改革的目的，毫无疑问就是为了筹集军费。

推行农村改革的农政官僚们或许受到了社会主义式的扶贫思想的影响。不过，从军事角度来看，使农村脱离贫困也大有必要。因为农村是军队士兵供给的源泉，没有强大的农村就没有强大的军队。所以军部（特别是陆军）十分赞同农村改革。

战后的日本企业成形于战争时期

在战时体制下，日本的企业发生了巨大变化。

战前，日本的电力事业由多家民间企业经营和管理。但是1939 年，政府下令将各地的电力公司统一为国策公司①，也就

---

① 国策公司是指，1930 年代后期，以促进日本帝国主义发展为目的，根据特别法设立的半官半民性质的一批企业。它们享有政府授予的特权，同时也接受政府的管制。

是日本发送电公司，继而又重组为 9 家电力输送公司。这就是战后 9 大电力公司的基础。

汽车产业也是同样情况。战前日本的汽车产业完全由美国的福特汽车、通用汽车和克莱斯勒汽车三巨头所掌控。因此，"九一八事变"时日军的卡车也是福特公司制造的。政府为了改变这种状况，于 1936 年制定了《汽车制造事业法》。该法规定，提高汽车进口关税，对汽车制造产业实行许可制。丰田自动织机制作所和日产汽车公司得到许可。获得许可的公司可以免交营业税，在融资上享受特别优惠，进口机械及零部件时免除进口税。这些措施迫使美国三巨头撤出日本。

战争时期，机电产业也得到显著发展。1939 年芝浦制作所与东京电气公司合并为东京芝浦电气公司（即现在的东芝公司），与 1920 年从久原矿业公司独立出来的日立制作所一起，在军事经济的背景下得到发展和壮大。同样，松下电器产业公司也因从事军需生产而发展起来（战后松下幸之助曾因此受到革职处分）。

钢铁产业从明治时期开始发展，1934 年以官营八幡制铁所为母体，由多家钢铁公司合并成日本制铁株式会社，也是半官半民性质的国策公司。

上述企业与战前的企业在性质上截然不同。战前，纺织是日本制造业的中流砥柱。日本发动太平洋战争时，营业额最高的企业是钟渊纺织公司（Kanebo，即现在的佳丽宝公司）。这些以轻工业为核心的传统企业，不依靠银行来获得资金，因此极力反对政府的干预和统制。

美国历史学家约翰·W. 道尔（John W. Dower）针对日本大企业曾经指出，只有索尼和本田是完全诞生于战后的企业。他的见解完全正确，战后日本的大企业多数都是战争时期在政府的扶持下，依靠军需生产快速成长起来的。

在企业管理、工会、城市土地制度等方面，情形也大致相同。也就是说，战争时期形成的机制在战后被继续沿用，并发挥了重要作用。此外，战争时期形成的"统制会"也成为战后各行业协会的基础。"统制会"的上级机构，即"重要产业协会"战后则变成了经济团体联合会（简称"经团联"）。[1]

报纸领域也不例外。战前，日本各地都有当地的独立报纸。但是到了 1938 年，为了加强言论管制，内务省和情报局主导推行"一县一报主义"[2]，对各报社进行合并，只有部分实力较强的地方报社被保留了下来。

此外，只有 5 种报纸获准在全国发行，即《朝日新闻》《每日新闻》和《读卖新闻》这 3 种综合报纸，以及专门报道经济内容的《日本经济新闻》和《产业经济新闻》（现改名为《产经新闻》）。这种发行量之大在全世界也属罕见的全国性报

---

① 经济团体联合会全名为一般社团法人日本经济团体联合会，英语名为 Japan Business Federation。1945 年由日本经济联盟会、重要产业协会、日本商工经济会和商工组合中央会合并而成。与日本商工会议所和经济同友会并列为日本最有影响力的三大经济团体。
② 县为日本的行政区域单位，相当于中国的省。一县一报主义是指，一个县以一家报社为主。

纸体制也是在战争时期形成的。

战争时期形成的这些经济体制与战前相比具有完全不同的性质，本书将之称为"1940 年体制"。这套以举国之力来支援战争的国家总动员体制，在战后也毫发无损地被继承下来，构成了战后日本经济体制的基础。

我们如今身处何方

本书目的并非罗列战后 70 年期间所发生的各种事件，而是要弄清楚"我们如今身处何方"的问题。专门罗列各种事件的历史年表里，会包含一些在发生当时惊天动地，但对现在却没有太大影响的事件。这类事件对我要讲述的故事来说并不重要，不是本书的议论焦点。

那么哪些是"对现在的日本社会带来重大影响的事件"呢？我们需要从几个视点来进行评价和判断。

本书将从以下两个视点来研究战后的日本经济。

第一是以"狗眼"看社会。所谓"狗眼"，就是从"地面的角度"，即我亲身经历的战后日本社会和经济的变迁。也就是自传式的年代记。

第二是以"鸟眼"观天下。所谓"鸟眼"，就是以"俯瞰的角度"来把握战后日本的社会与经济发展。

本书的"鸟眼"可以叫作"1940 年体制史观"。它与人们普遍接受的，教科书所宣扬的历史观迥然相异，对"我们如今身处何方"的问题，提供了大不相同的解释。

一般认为，战后的民主主义改革为日本带来了经济复兴，战后诞生的新兴企业实现了高速增长。然而1940年体制史观则认为，战争时期形成的国家总动员体制带来了战后经济复兴，战时成长起来的企业实现了战后的高速增长。

在如何划分日本现代史的问题上，这两种史观也有不同见解。一般认为，日本的政治、经济、社会体制在1945年8月（日本宣布战败）出现断裂。而1940年体制史观则认为，日本社会的断裂早在1940年前后就已经出现。

以1940年体制史观这只"鸟眼"来俯瞰，不难发现，虽然1940年体制已经不再适应日本经济发展的需要，但它仍然企图苟延残喘，而这就是20世纪80年代日本产生泡沫经济的原因所在。

此外，根据1940年体制史观，还可以发现安倍晋三内阁所实行的经济政策，并非"摆脱战后体制"，而是对战争时期及战后体制的复归。其基本方向是，否定市场的作用，强化国家对经济活动的干预。而这正是1940年体制的特点。关于这一点，终章还会再做说明。

第 1 章

战时体制延续到战后

1945 年—1959 年

1　废墟中再次出发

野火烧不尽，春风吹又生

大空袭将东京烧成一片平地。在这片燃烧过后的废墟上，老百姓们自建棚屋，像杂草一样顽强地生存下来。

棚屋是指在自然灾害后搭建的临时住宅。我的母亲较早从疏散地回到东京，向区政府借款搭建棚屋，开了一个小小的百货店。

土地是租来的，在当时的东京，与自己拥有土地相比，租赁土地的形式更为普遍。我依然还记得，在签好了土地租赁合同之后，母亲与负责在土地所有者与租户之间斡旋的中介人员交谈时那高兴的样子。

战后马上借到土地和资金开始小买卖，我们一家也成了1940年体制的受惠者。正如后文介绍的，在土地方面，租地者的权利受到保护，地位要高于所有者的权利。一旦签订了土地租赁合同，土地所有者没有正当理由既不能赶走租户，也不能单方面提高租金。

再加上战后的通货膨胀，租金实质上不断降低。我们一家虽然贫穷，但也顺应着时代的潮流，得到许多好处。

军国少年的水雷游戏

空袭的大火使东京成为废墟，可对于孩子来说，这里却是天堂。木造建筑都被大火烧得一干二净，只有水泥修建的学校、电报局和当铺用石头建造的仓库侥幸留存下来。澡堂的四壁与屋顶被尽数烧毁，只剩下水池和贴着瓷砖的地板光秃秃地露在外边。我们有时把这里当作要塞，有时把它当作宫殿。在断壁残垣中，我们寻找、挖掘被大火烧得变形的玻璃碎片，当作宝贝。我们也会潜入禁止进出的校舍，趴在屋顶屏住呼吸，用砖头设下圈套捕捉小鸟。

水从破裂的水管里漏出来，积成一汪浅池。对于我们来说，这浅池就是一个湖，湖边盛开着紫茉莉花。直到今天，看到紫茉莉，仍然会勾起我对那个"湖"的回忆。那时，无论在东京的哪个地方都能清楚地看见富士山。

当时我们每天都要玩水雷游戏。我们将之称为"水雷横"，不知道为什么要加个"横"字，大概是扮演水雷艇的孩子总是把棒球帽的帽檐横过来戴在头上的缘故吧。

孩子们分成两方，每方由一艘战舰、四五艘驱逐舰和十来艘水雷艇组成。战舰通常由孩子王来当。游戏规则是，驱逐舰被战舰摸到就要沉没，水雷艇被驱逐舰摸到要沉没，而战舰被水雷艇摸到就要沉没。战舰由驱逐舰护航出征，冲到敌军阵营就算胜利。

水雷艇如果跑得不快，马上就会被敌军的驱逐舰击沉，所以必须动作敏捷。我一向喜欢当水雷艇，因为水雷艇虽然最弱小，却只有它才能干掉战舰，我喜欢这种设定。回首过去，我发现自己之后也都是以当水雷艇为信念走过来的。

虽说当时的孩子们除了这个游戏以外，确实没有条件玩棒球之类的其他游戏，然而这个游戏却是军国主义思想的完全体现。换句话说，和平国家的理念并没有灌输到孩子们的心里。

常会听到有人说，那时孩子们最开心的是看连环画剧表演。虽然确实有人来表演连环画剧，但我却不认为它多么有趣。我更爱看连环画，比如山川惣治的《少年王者》、小松崎茂的《地球 SOS》、永松健夫的《黄金蝙蝠》，特别是《少年俱乐部》杂志连载的横井福次郎作品《不可思议国的普恰》①最令我兴奋激动地期待不已。

有一次，我听说有一本法国作家写的《海底两万里》特别

① 《不可思议国的普恰》（原名是『ふしぎな国のプッチャー』），是 1946 年登载在杂志《少年俱乐部》的连载作品。其作者是横井福次郎。这部漫画作品在当时深受欢迎。据说日本著名漫画家手冢治虫的作品《铁臂阿童木》等也深受其影响。《不可思议国的普恰》描写的是天才科学家的儿子——普恰，乘坐父亲制作的机器人飞往宇宙探险，后来又返回地球，平息了地球人与地球的地底国人之间的战争。这是首次描绘未来社会的日本漫画。

有趣，正在书店里出售，就缠着母亲要买。母亲不许，我晚上还难过得哭着入睡，结果第二天早上醒来却发现这本书就放在枕边。那时的喜悦心情至今难忘。

当时最渴望吃到的食品是桃罐头。买不起香蕉，听到有人踩到香蕉皮摔了一跤的老笑话，我竟然也羡慕得不得了。香瓜只有在生病时才有口福享受。在战后初期，碗里的麦粒总是要比米粒多，后来米粒的比例才渐渐增多。而冰棍是绝对不可以吃的，据说吃了会得痢疾。

年末大扫除总是全家动员，大家合力将榻榻米抬起来清扫。不要的大件垃圾就随便堆在马路上，因为那时车流量很少，也无人介意此类事情。

浅草寺观音堂的后面，有一座用铁丝网围起来的佛像是坐在船上的形状。能够在空袭的大火中幸存下来，想必是座石像吧。传闻从铁丝网外朝大佛扔石子，如果石子落入船中便预示征战在外的家人将要归来。因为父亲远征他乡，生死不明，我也曾投掷石子，期望父亲的归来。

小学的建筑因为是水泥建成的，所以在大火中残留了下来。学校地下的防空洞就是我们曾经躲避空袭的地方。在大火中失去房子的人们以校为家安居下来。因此，我们只好借用别校的教室上课。

现代化建筑变成废墟，又被人们非法占据，这样的光景总让人怀疑文明是否正在崩溃。多年后，当我访问改革开放初期的中国时，看见许多民工睡在北京火车站里。这情景恍若战后初期的日本，不由使我回忆起当时的往事。

现在回头看小学入学时的照片，打赤脚的孩子多得惊人。因为营养不良，很多孩子都流着鼻涕。到了冬天，孩子们都被冻疮、手足皲裂所苦（不过我却不记得有谁在夏天热得中暑）。那时结核是不治之症，一旦染上，只能离开工作岗位和家人，被送往遥远的疗养院。小学一二年级时的班主任就是因为结核病离开了我们。

这一时期，我们最怕听到飞机的轰鸣声，因为战争再来的恐惧总是袭上心头。回望日本在那之前的历史，我认为一个人几乎不可能一直逃过征兵，平平安安地过完一生。所以我曾经认真地担心什么时候会被征兵。不过我到底幸运地逃过了被征兵的命运。每逢选举，母亲总是投社会党的票，倒不是赞同社会主义，而是因为母亲内心的愿望是，如果社会党执政，儿子就不会被征兵了。

毫发无伤的经济官僚

当百姓们在大火过后的废墟里为生计而挣扎时，政府的官僚们也正忙于构建战后经济的基础。他们首先考虑的就是如何维护自己的利益和地位。

负责管理军需企业，对飞机等工业生产物资进行采购和管制的军需省官僚们，急着赶在占领军进驻日本之前，将军需省的招牌换成"商工省"。因为占领军进驻后，当然要开始追究战犯责任。名字里带着"军需"二字的政府机构肯定无法继续存在。军需省原本就是商工省和企画院在 1943 年合并而来，所以官僚们又把名字改了回去。

指挥这场更名作战的人是椎名悦三郎事务次官。1945 年 8 月 26 日，就在驻日盟军最高司令官麦克阿瑟乘坐的飞机降落在日本厚木机场的 4 天之前，官僚们完成了相关工作。这变身速度真是快得惊人！

就这样，商工省近乎毫发无损地在占领时期得以继续存在。后来，商工省又改名为通产省，主要负责对民间企业发号施令。这场更名作战的胜因在于，占领军对于日本的官僚机构无甚了解，对于政府各部门在战争时期的所作所为更是一无所知。

当时，日本盛行各种各样的更名活动，比如将"战败"改为"终战"，将"占领军"改为"进驻军"，就连占领军的最高司令部，在美国文献中写成 SCAP（Supreme Commander for the Allied Powers：同盟国最高司令部），在日本却被称为 GHQ（General Headquarters：总司令部）。

军需省忙于更名作战时，大藏省在为"阻止 B 元计划"苦战。所谓 B 元是指占领军发行的简易货币，通称军票。

战争时期，日本也曾在自己占领的地区发行军票，并因发行过剩而引发当地经济的混乱。如果同样的事情在日本发生，不仅日本政府的货币发行权将被占领军剥夺，日本经济也难免因此遭受打击。

当时，打算在日本使用的军票已经由美军印好并装船完毕，处于整装待发的状态。这种情形下，大藏省拼尽全力阻止军票在日本发行和使用。最终，以用日元提供占领经费为条件，大藏省说服占领军放弃了军票的流通和使用。不过由于没有留下详细资料，此事的具体交涉过程依然是谜。

大藏省的努力大获成功。只有极少量军票被投入使用，占领军很快就放弃了在日本本土使用军票。军票运输船只的目的地改成了冲绳（冲绳曾长期处于美军的支配之下，即使 1952 年结束对日本的占领之后，美军也仍然继续控制着冲绳。B 元军票一直作为法定货币在当地发行及使用，直到 1958 年被美元代替）。就这样，日本躲过了占领军的干涉，保住了货币发行权。

为了瓦解日本的军事作战能力，占领军对日本政府和企业进行了改革。毫无疑问，军部当然被撤销，内务省也被认为是核心政府部门而遭到解体，分为建设省、劳动省、地方自治厅、国家公安委员会等多个部门。仿照美国的警察体制，警察变成由地方公共团体管辖的地方编制。不过由于警察们的抵抗，负责管理和统筹地方警察的警察厅被作为中央政府部门保留下来。

在组织重组的同时，这些部门在战争期间处于领导职位的人，大多被开除了公职。

但是，大藏省、商工省等政府经济部门却被几乎毫发无伤地保留下来。当时日本全国有超过 20 万人以上被开除公职，可是大藏省仅有几人被开除。

出现这样的结果，就是因为占领军对于日本官僚组织的实情知之甚少。他们不知道，战时实际操纵日本经济运行的正是大藏省和军需省等经济部门。

另一件事也充分证明了占领军对日本政府机构的无知。那就是占领军认为，毫无实权的文部省应当为强制推行战时教育承担责任，竟然讨论将其废除。

开除公职的目的是为了追究战争责任，可对于经济官僚来说，他们受到的处罚都没有使其伤筋动骨。支持战时体制的技术官僚们也被保留下来，战后他们仍然继续掌控和操纵着日本的经济。

占领军民主化政策的真相

占领军还着手瓦解旧财阀企业。因为占领军认为"财阀是战争的罪魁祸首"，继1946年颁布开除战犯公职的命令之后，1947年大企业和军需企业的经营管理层也成为开除对象。

占领军对于日本的官僚机构和经济体系知之不多，他们倾向于按照战前美国的逻辑来推测日本的情况。在美国，创办美孚石油的洛克菲勒等财阀对国家政治拥有巨大影响力。他们以为日本也是如此，所以试图瓦解三井、三菱、住友、安田等大财阀，消除他们的家族统治。美军把日本的零式战斗机称为"三菱"，三菱这个名称广为美军所知，这大概也是导致日本财阀成为目标的原因之一吧。

　　除了免去经营管理层的职务，占领军还对大企业进行了分割。根据 1947 年公布的《经济力量过度集中排除法》，日本制铁、三菱重工业、王子制纸等大企业都成为分割对象。在美国，垄断企业被看作妨碍公平竞争，插手政治的"巨恶"。所以占领军想当然地认为，日本的财阀也需要整治。

　　但是针对这些私人企业的改革，进行得并不彻底。被分割的企业，大多在占领结束后又迅速地恢复了原样。

　　由于占领军对于战争时期形成的以银行为中心的日本金融体系不甚了解，金融机构基本上被完整地保留下来。在美国，与战前的日本相同，企业融资主要以股票和公司债券等直接金融为中心。美国的银行基本上在各州范围内营业，没有与日本的都市银行①一样，在全国设立分店展开业务的大银行。所以占领军并未理解"大银行在资金方面掌控企业"的日本式金融机制。

　　还有一个小插曲也能说明占领军的无知。本章第 2 节将会介绍，日本因为复兴金融金库的过度放贷发生通货膨胀。担任占领军总司令部经济科学局长的威廉姆·莫克特少将（William Frederick Murcutt）（他是一名职业军人，曾任高射炮队队长）非常重视这个问题，他曾谴责通货膨胀的罪魁祸首是

---

① 都市银行是指本部设在东京、大阪等大城市，并在全国多个区域开展业务的普通银行。现在的日本都市银行主要指瑞穗银行、三菱东京 UFJ 银行、三井住友银行、理索纳（Resona）银行四大银行。

"兴银"①。于是有人纠正："阁下所指责的难道不是复兴金融金库吗"，他就立即变得哑口无言了。

埃莉诺（Eleanor M. Hadley）是一名经济专家，她于第二次世界大战期间在哈佛大学获得经济学博士学位，后来就职于美国国务院，参与了日本占领政策的制定。她在著作《财阀解体——占领军总司令部经济学家的回忆》一书中对当时占领军的情况进行了详细描写。她提到，占领军中的大部分军人不懂日语，不能独立阅读日语资料，他们对日本的了解大都来自美国人类学家鲁思·本尼迪克特的名著《菊与刀》。但是《菊与刀》以分析日本文化为主，并未分析日本的经济。所以占领军对日本的真实情况其实一窍不通。

占领军要么通过翻译，要么只能与精通英语的日本人谈话。翻译不一定精通经济，而当时精通英语的日本人又几乎全是官僚。官僚们当然不会向占领军汇报对自己不利的信息。所以对日本官僚来说，控制占领军并非难事。官僚们通过操纵信息来诱导占领军，巧妙利用占领军的权力来实现自己制定的改革计划。

---

① 兴银是日本兴业银行的简称，在历史上曾经通过发行债券支撑日本明治维新之后的重工业发展、战后复兴和经济高速增长，后来成为瑞穗银行的前身之一。复兴金融金库是指，为了复兴经济，1947 年由日本政府全额出资设立的银行。主要依靠发行复兴金融债券为钢铁、煤炭等基础产业提供资金支持。

"阎王不在，小鬼当家"的公务员改革

曾经作为占领军总司令部职员来到日本，返回美国后在哥伦比亚大学任教的文化人类学家哈伯特·帕辛（Herbert Passin）也曾经提到占领军对于日本经济的无知。

为了对日本公务员制度进行民主化改革，占领军于 1947 年 6 月请来了由胡佛·布赖恩（Hoover Blain）任团长的专家顾问团。专家顾问团抵日后，向当时的片山哲内阁提交了国家公务员法的草案（也叫胡佛草案），在确立职阶制度、设立人事院、规范公务员劳动权等方面向日本政府提出了建议。

其后，胡佛因故暂返美国，日本的官僚们趁机将草案中不利于自己的部分，比如人事院独立、禁止职员罢工等规定或修改或删除，并赶在胡佛回到日本之前，将经过修订的草案提交国会，1947 年 10 月《国家公务员法》被正式通过。听说胡佛得知此事后曾大发雷霆，但也已经无济于事了。这就是所谓的"阎王不在，小鬼当家"的公务员改革。

关于公务员改革，胡佛在原草案中提出，设立人事院，集中管理公务员的录用及升职等人事工作。但是在日本政府中，这些人事工作却是由各部门单独进行的。各部门都不愿撒手放权，所以官僚们将这部分内容从草案中删除。结果，虽然设立了人事院，但官僚的录用和升职等人事工作仍然由各部门自行决定，人事院最终成为有名无实的存在。

对此，哈伯特·帕辛认为"占领军对日本官僚制度的无

知"是根本原因。将公务员人事权交由人事院专门负责的公务员改革，其实正是当时美国公务员制度改革的基本方案。

在美国，公务员的重要职位实行政治任命制度，也就是公务员要职人选由当权政治家根据个人判断来决定。这本是为了实现任人唯贤而设立的制度，但实际上，政治家们为了确保选举获胜，作为水面下的交换条件，往往利用这一制度将重要职位赋予在资金或选票上为自己做出过重大贡献的人。

这项制度实际上变成"分赃制度"，成为美国公务员制度的重大问题。其结果是，只要政权交替，政府各部门的主要官员就会随之变化，人事被各种利益和权力关系所制约。为了确保任人唯贤，应保证人事不受各方干扰，必须设立中立的人事院来处理人事工作。占领军基于这种考量，提出了日本公务员制度的改革草案。

不过在日本并不存在官僚的政治任命制。所以官员们也无心认真地对待改革，不过是走走过场而已。对于哈伯特·帕辛的上述观点，我也深以为然。

德国也保留了技术官僚

一般认为，同样作为第二次世界大战的战败国，日本在战后没有认真追究战犯责任，而德国却彻底清除了纳粹分子及其支持者。

在德国，曾抵抗过纳粹政权的科隆市市长阿登纳（Konrad

Hermann Joseph Adenauer）成为战后联邦德国的第一任首相。而在日本，当选为战后第一任首相的却是在战前担任外交官的吉田茂。

一般观点认为，德国的战争责任得到了彻底追究，而且由于人们对德国的权力机构有着正确认识，所以根据被称为"摩根索计划"的占领政策，战时德国的中央政府已经被完全瓦解，纳粹的残余分子被从政府部门中彻底清除了出去。

这在某些方面确实是事实。但是关于战时德国的官僚机构是否被完全瓦解的问题，仍然还有考量的余地。

托尼·朱特（Tony Judt）在其著作《战后欧洲史》中指出，在联邦德国战后经济政策的实施过程中，纳粹时代的技术官僚发挥了重要作用。也就是说，第二次世界大战以后，战败国的官僚机构得以保留，这并不是仅在日本发生的特殊事例。

农地改革其实是战时改革

1947 年到 1950 年的农地改革是占领政策的核心。一般观点认为 1945 年 12 月驻日盟军总司令麦克阿瑟向日本政府递交的《关于农地改革的备忘录》是 1947 年日本农地改革的蓝本。

但是，这次农地改革其实也是留任下来的改革派官僚精心策划的。早在 1945 年，农地改革法案的草案就已构思完成，并提交内阁部长级会议讨论。但其内容与改革派官僚当初的提案相比有大幅倒退，改革力度被大幅缓和。因此，改革派官僚引导占领军发表声明，表示"第一次农地改革"进行得不够彻底，并于 1946 年推出"第二次农地改革法"，公布《农地调整法修订》和《自耕农创设特别措置法》，并于 1947 年开始实行。此次改革法案与改革派官僚最初提出的改革方案较为相似，内容更为激进。

"第二次农地改革法"规定，不在村地主的全部土地，以及在村地主拥有的超过规定面积的土地由政府强行征购，转卖给佃农。

政府以"交付公债"的方式向地主支付购地款。所谓"交付公债"是指由国家发行的债券，一定期限以后，持券人可以凭券换取现金，但不允许转让。由于后来发生通货膨胀，"交付公债"的实际价值大大缩水，几乎没有任何意义。

层层选拔出来的大企业管理者

被称为"日本式管理"的企业管理方式的原型也形成于战争时期并沿用至今。

这种管理方式有几个特征。第一，几乎所有大企业的管理者都是在公司内部选拔产生。日本大企业的"社长"其实就是在本公司人才选拔赛中获胜的劳动者。而在美国，公司的管理者往往被当作是一种专业人才，从公司外部聘请有能者担任的情况并不罕见。有时还会将对手公司的管理者挖过来。

实际上，在战前的日本，依照大股东们的意愿从公司外部录用管理人才的情况也相当普遍。之所以形成现今这种"日本式管理"，其实也是战时企业改革的结果。

战争时期，日本政府先后发布了 1937 年的《临时资金调整法》、1940 年的《银行资金运用令》、1942 年的《金融统制团体令》等多个法令。政府根据这些法令，对金融机构的贷款实行管制，优先对军需企业的投资，推进直接金融向间接金融的转换。1938 年的《国家总动员法》规定，企业发放给股东的分红不得超过一定限度。因此导致股票价格走低，迫使企业不得不向银行融资。

通过这一系列的改革政策，战前占主要地位的直接金融在战争时期失去市场，间接金融成为主要方式。企业的所有权与经营权不断分离，大股东们对公司的影响力逐渐被削弱，银行的发言权得到增强。政府通过操纵银行的资金分配间接控制了民间企业。

公司股东无法像战前一样对公司管理指手画脚，也带来了另外一个附加效果，使公司最高管理者自己选择后继者成为惯例。其结果是日本大企业的管理者都是从公司内部选拔上来的。

工会与公司是命运共同体

"日本式管理"的第二个特征是，日本的工会的特殊性。在其他发达国家或地区，无论美国还是欧洲，通常是按产业分类来组织工会的。战前的日本，工会也是由本行业的各企业联合组成。但是战后诞生的工会却基本是由各企业单独设立的组织。

之所以形成这种特征，是因为日本在战争时期构建的组织结构在战后被继续沿用。其前身是 1938 年成立的"产业报国联盟"。其后由于劳资纠纷不断增加，为了调节劳资关系，1940 年又成立了全国性组织"大日本产业报国会"。政府主导设立的这一机制由劳资双方共同参与，以各企业为单位，以促进劳资双方的沟通和提高员工福利为目的，在内务省的指导下得到迅速普及。

在产业报国会这种调节劳资关系的新机制得到普及的同时，之前的传统工会在战争时期被强制解散。

1945 年，驻日盟军总司令麦克阿瑟指示颁发《五大改革指令》。根据该法令，众多工会纷纷诞生。不过这些工会几乎全部脱胎于之前的产业报国会，只是换汤不换药。

以企业为单位的工会，与企业命运相连。所以工会并不把与资方的斗争作为工作重点，而是尽力协调劳资关系，推动企业成长。战后经济高速增长时期，日本工会的这个特征对推动企业成长做出了重要贡献。

如上可见，象征战后日本特色的日本式企业管理方式和劳资关系都源于战争时期。战前以欧美为原型的日本民间企业，通过战时改革发生了本质变化，经历了战争刚结束时的劳资对决之后，终于在经济开始高速增长的 20 世纪 50 年代中期形成了以劳资协作为特色的"日本式管理"方式。

实行日本式管理的企业，如同军队一样，从最高管理者到一线员工，所有人都为了共同的目标而通力合作。这里的共同目标首先是公司的生存，其次是扩大市场，在同业竞争中获胜。因此从这个意义上来讲，把对公司具有高度忠诚心的日本企业的员工比喻为"企业战士"的确是实至名归。

神秘的芦之湖

从第二次世界大战结束到 20 世纪 50 年代初，日本的交通条件非常恶劣。虽然 1950 年 3 月开通了从东京到沼津的"湘南列车"，但是起初列车故障频发，人们将之戏称为"遭难列车"。

就在这一时期，我们全家去了箱根旅行，是战后的第一次全家旅行。我们乘坐刚开通不久的湘南列车到小田原，然后转乘一种以木炭为燃料的公共汽车，一路颠簸到芦之湖。湖的周围什么也没有，那时的芦之湖还是藏在深山里的神秘之湖。

小学毕业旅行，我们去了伊豆下田 ①，列车只到伊东，剩下的路程还是要坐公共汽车。途中经过以险峻著称的天城山，公共汽车转过崖面的急转弯时，车体的后半部分被甩出路面悬在空中。最后到达目的地石廊崎时，我几乎有种到了世界尽头的感觉。

我们的全家旅行之后还去过伊豆的片濑和稻取、长野的汤

① 日本伊豆半岛的有名观光地。

田中等地。那时不用说千叶县的稻毛海岸，就连东京的大森也可以进行海水浴。

现在的人们甚至想象不出，当时的社会基础设施是多么贫乏。医院和保健所总是人满为患，停电也是家常便饭。道路上有马拉着货物在奔跑，冲水式厕所还未普及。屋外的垃圾箱里堆满乱七八糟的垃圾，总是引来许多苍蝇嗡嗡乱飞，家里也都挂着粘蝇纸。

那时日本人乘坐的汽车大都限于公共汽车、卡车和三轮车，所以美军的吉普车极为引人注目。大一些的十字路口经常有美国宪兵在指挥交通。根本没有国产汽车，街上跑的几乎全是"美国制造"（国产小汽车的生产限制直到 1949 年才被解除）。所有的汽车品牌我都认识，现在偶尔听到那些已经不复存在的汽车品牌，还会引起我对旧日的怀念。有一次，我看见有个穿着长靴的男人英姿飒爽地迈下保时捷跑车，曾经羡慕地暗想"有一天我也要这样"。

1949 年 10 月，美国旧金山巨人队来到日本，与日本职业棒球队举行了友谊赛。虽说日方组织起几乎囊括了所有大牌球星的豪华阵容，可还是被强大的美国队打得落花流水、一败涂地。就是那一天，在后乐园球场，我第一次尝到了只限当天特价销售的可口可乐，那不可思议的味道成了我最早的"美国印象"。

就连我家也请了保姆，可见当时劳动力的供需关系是多么缓和。

　　这一时期的某一天，我们收到了正式通知，得知父亲于 1945 年 6 月在菲律宾棉兰老岛阵亡。可能是父亲所在的输送船遭到了攻击。接过据说是装着父亲遗骨的骨灰盒，摇晃时能听到哗啦哗啦的响声。不过里面不可能会有父亲的遗骨，大概是一些石头或者木片吧。

在运动会上赢得接力赛跑冠军奖杯

　　如果父亲是 6 月阵亡的话，那么 3 月时他应该还在日本国内，很可能是知道东京大空袭的。无法得知家人的安危，父亲一定担心得要命吧！

　　到了小学高年级，我每个周日都带着同学去神田万世桥的交通博物馆，然后把我们在那里待了一天查到的资料贴到教室里。

　　我刚好在"六三三学制"开始的那年上了小学。从这个意义上说，我们这代人看似是战后教育的宠儿。不过，我并没感觉到自己接受了民主主义教育或者和平教育。当时的公立学校，完全没有民主主义气氛。年级的级长、学生会委员、委员长都是由老师委任，而不是由学生们选举产生的。毕业典礼上朗读欢送致辞或者答谢致辞的学生也是一样。总之，学校里没有丝毫民主主义的痕迹。

学校联欢会的表演者也由老师指定。如果是戏剧表演，当然有主角、配角等各种分工，不可能做到人人平等，可是在日本不知从什么时候起，学校的联欢会却成了一出人人平等的剧。

当时没有补习班，公立中学堂而皇之地上着各种补习课。学生们按考试成绩高低分班，如果放在现在，这种做法肯定要被当作重大问题，可那时这种能力重视主义却能不受任何质疑地大行其道。这与其说是战后教育，还不如说是"战时教育"。

那时候，我看了很多电影。在东剧^①看完欧美电影的试映，回家的路上再到末广餐厅吃一顿西餐，这是我一年仅能享受一两次的奢侈。对于小学生来说，在铺着白桌布，摆放着刀叉的餐桌前坐下那一刻真是令人紧张的瞬间啊！

1947 年在日本上映的一部名为《石之花》的苏联电影中，蜥蜴摇身变成铜山女王的一幕给我留下了深刻的印象。很久以后这部影片被制成 DVD，当我激动地再次回味时，却发现当时的神秘感已经荡然无存。科技的进步虽然使人得以重温曾以为再也没有机会看到的电影，但也使当年深埋心底的神秘憧憬灰飞烟灭。

---

① 东剧是指位于东京银座的老牌电影院。

2 倾斜生产方式与通货膨胀

重建基础产业

为了使因战败而荒废的经济得到复兴，日本政府首先着手救助金融机构。1946 年度一般财政预算的 20% 被划作产业经济费，对因政府停止发放"战时补偿"等而蒙受损失的银行给予补偿，以防银行破产。

接下来，政府又采用"倾斜生产方式"重建国家基础产业。"倾斜生产方式"就是将紧缺资源重点划分给以煤炭和钢铁为中心的基础产业，恢复生产设备，使基础产业的生产能力得到恢复和发展。这项政策于 1946 年年底通过，1947 年开始实施。

倾斜生产方式的机制以价格差额补助和复兴金融金库的贷款为核心。所谓价格差额补助就是政府人为地限制煤炭价格，使钢铁制造企业能低价购买，接下来又人为地限制钢铁价格，使加工制造企业能低价购买。对因此产生的企业赤字，政府通过补助的方式给予补偿，补助由政府一般财政预算支出。

对煤炭的价格差额补助制度于 1940 年开始实行。价格差额补助占据政府预算相当大的比例，如 1947 年的价格差额补助就占当年预算的四分之一左右。

复兴金融金库是为国家基础产业的设备投资和企业运营提供资金的机构。1946 年成立的日本兴业银行复兴金融部于 1947 年 1 月从该银行独立出来，成为复兴金融金库。其资金来源主要依靠发行复兴金融债券，复兴金融债券的发行金额巨大，约占当时全国银行贷款总额的四分之一，其中的七成由日本银行购买。

复兴金融金库按照当时的中央银行利率向基础产业提供贷款，远远低于物价上涨率。所以名义上是贷款，其实就是政府要求日本银行增发纸币，为企业提供资金。

在资金分配的这个过程当中，战争时期形成的间接金融体系和政府对金融机构的融资统制体系都发挥了巨大作用。依靠这些机制，政府完全掌控了资源分配。

这些体系原本是以向军需产业集中资源为目的，到了战后则被用来帮助基础产业集中资源。

倾斜生产方式带动基础产业迅速实现了恢复与发展。煤炭、钢铁产量急剧增加，煤矿产业形成高潮。1946 年日本的国民生产总值为 4 740 亿日元，1947 年增长为 1.39 万亿日元，1948 年达到 2.67 万亿日元。

在战争中，日本的工厂及社会基础设施被破坏殆尽，因此战后重建不得不先从这些方面着手。这也具有促进日本经济发展的一面。英国虽然也在空袭中受创，但是由于第二次世界大战前的陈旧设备和社会基础设施仍然存在，所以在某种程度上影响了工厂生产设备的更新换代，也推迟了现代化社会基础设施的导入时间。日本正是因为在战争中受到重创，工厂及社会基础设施被破坏殆尽，所以能够在战后迅速引进当时最先进的生产设备，并且修建了最新型的基础设施，从而使经济快速增长成为可能。

在通货膨胀中没落的旧地主阶级

倾斜生产方式引发了通货膨胀。由于日本银行承购大量的复兴金融债券，导致货币供应过剩，发生了通货膨胀。在经济整体的供给能力还十分有限的情况下，通过政策人为制造出过剩的需要，当然会导致通货膨胀（图 1-1）。

也有人认为，1946 年 2 月的"更换新日元"政策和"存款封锁"（发行新日元代替旧日元，同时对从银行取出存款加以限制的措施）是造成通货膨胀的原因。但其实恰恰相反，是通货膨胀迫使政府不得不发行新日元来应对危机。

严重的通货膨胀给社会各阶层带来了哪些影响呢？

通货膨胀对平民百姓的负面影响相对较少，而拥有大量金融资产和房地产的地主及富裕阶层则蒙受了巨大损失。

因为普通劳动者的工资往往会随物价的上涨而增加，家庭

图 1-1　20 世纪 40 年代后期至 1950 年的物价指数上涨率变化

（与前一年相比，%）

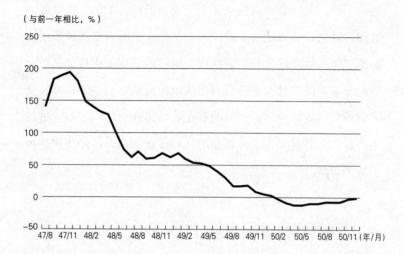

注：本图数据为除居民自有房屋的虚拟租金之外的全国综合物价指数。
资料来源：总务省，居民消费物价指数。

经营的零售店或者小作坊的销售额也随着物价的变动而上升。并且通货膨胀减少了地租和房租的实际负担。所以对于每日挣扎在温饱线上的普通劳动者来说，通货膨胀并没有破坏他们的生活基础。虽然生活艰辛，但还能在通货膨胀中跌跌撞撞走过来。

但是旧统治阶级的地主们拥有大量财产，这些财产因为通货膨胀迅速地失去了其原有价值。在农村，地主的大部分土地由于农地改革被政府强行收购，当初政府作为买地款付给他们的交付公债，随着节节升高的通货膨胀率，实际价值严重缩水。

城市里的土地所有者也深受通货膨胀之苦。根据战争时期修订的《租地法》和《房屋租借法》，房主无权单方面提高租金。即便是因为通货膨胀物价高涨，也不能随之提高租金。并且一旦缔结租赁合同，如果没有法院认可的"正当理由"，就不能解除合同。所以实际上城市土地所有者的收入也急剧减少。

财产税也对金融资产产生了很大影响。1946 年颁布的《财产税法》是对个人财产征税的专项法律。按照这项法律，纳税金额超过 1 500 万日元的个人资产，税率高达 90%。

由于农地改革、《租地法》及《房屋租借法》的修订、通货膨胀和财产税等种种原因，日本的地主阶级与富裕阶层不可避免地没落了。

在欧洲，拥有广阔土地的贵族阶级和不劳而获地操纵经济的资本家在第二次世界大战以后也得以留存下来。但是在日本，战争时期与战后推行的改革将战前的统治阶级一扫而光，为形成被称为"一亿总中流"的社会结构奠定了基础。

这就是曾经宣言"反对不劳而获"的战时改革派官僚所实行的各项改革所带来的结果。

道奇成了大藏省官僚的傀儡

通货膨胀实际上也为日本政府带来了好处。因为通货膨胀导致国债的实际价值下跌，政府借机减轻了战时巨额国债所带来的重压。因此，政府得以乘机健全财政，在道奇路线

（Dodge Line）^①之后的很长时期，不发行国债也能够维持国家一般财政预算的均衡。

但是另一方面，如果通货膨胀长期持续，政府将不得不提高公务员工资，其他财政支出也会相应增加，所以找准时机抑制通货膨胀也势在必行。因此必须制定强有力的紧缩政策。而紧缩政策将带来经济萧条。

促使日本断然实行紧缩政策的是美国底特律银行行长约瑟夫·道奇。1949 年 2 月道奇作为占领军总司令部的经济顾问访问日本，他策划制定了财政金融紧缩政策草案，并向当时的大藏大臣池田勇人提交了 1949 年的政府预算草案。因此在名义上，是道奇制定了这些政策和预算的草案。

但道奇虽然是民间银行的行长，却并非财政方面的专家。他对于日本经济和预算制度也知之不多。道奇在来日本后仅仅两个月的时间里，不可能制定出工作量极大的预算草案。所以草案其实是大藏省的财政官僚制定完成的，只不过是借了道奇之名而已。根据我的推测，当时主导日本采取紧缩财政的是大藏省，而不是道奇。

抑制通货膨胀的必要性不言自明。但毫无疑问，紧缩财政政策将给日本国民带来沉重负担。如果强制实行紧缩政策，必然会引来国民的不满。

为此，大藏省官员们决定利用占领军的权威。他们请来强

---

① 1949 年根据占领军总司令部经济顾问约瑟夫·道奇提出的政策草案制定的财政金融紧缩政策。

硬的均衡财政支持者作为经济顾问，以占领军总司令部的名义发布财政紧缩的命令，再做出不得不从命的姿态。

我的这个推测可以通过宫泽喜一的发言得到证实。他日后曾经说过："占领军总司令部的新政官员们百般挑剔，害得我们狼狈不堪。我们也要还击一下，于是就找来了道奇这个犟脾气的人，打了一场漂亮的反击战。"

作为池田大藏大臣的秘书，宫泽 1949 年时曾经负责缔结和平条约的准备工作。他擅长英语，在与占领军总司令部或者与道奇谈判时，是位居第一线的人物。我认为他的这些话是真实可信的。

道奇在日本的记者招待会上曾经留下著名的一句话，他说："日本的经济并没有脚踏实地，而是像踩着两支高跷行走一样。"这两支高跷，一支是指复兴金融金库的贷款以及价格差额补助等补贴制度；另一支是指来自美国的援助。道奇在演说中声称自己要改变这种状况。对此，我有一个疑问。刚来日本不久的人，怎么会知道高跷呢？虽然美国也有类似高跷的东西，但并不像日本这样人尽皆知。

因此我推测，要么是宫泽在记者会前传授给道奇上述内容，道奇直接复述了宫泽的原话；要么是宫泽为道奇写了这篇演讲稿。

虽然真相不明，但当年实施的紧缩政策被以道奇的名义命名为"道奇路线"。不出所料，紧缩政策果然引发了经济萧条。虽然国民对此相当不满，但既然是占领军总司令部的命令，大家也就都无可奈何地接受了。大藏大臣池田勇人也再三强调"一部分中小企业破产在所难免"。就这样，通货膨胀终于偃旗息鼓，1949 年 4 月，汇率确定为 1 美元兑换 360 日元。

据宫泽喜一所说，他曾经给道奇看过一则新闻，道奇看后十分高兴。新闻的内容是"小偷偷走了钱"，对此道奇欣喜地说，"小偷终于也愿意偷钱了（因为在通货膨胀期间，小偷们不偷钱只偷东西）。"这其实是宫泽在夸赞自己，因为正是他策划和实施了财政紧缩计划。

紧缩财政引发的经济萧条，使社会局势变得更加动荡不安。当时，日本劳资纠纷频发，社会主义运动日益高涨。道奇路线实施的前一年，也就是 1948 年，东宝电影公司的劳资纠纷甚至引来美军装甲车和坦克出动，演变成一场"就差军舰没来"的大骚动。

同年 9 月，朝鲜民主主义人民共和国宣告成立。1949 年，日本陆续发生了与劳资问题相关的"下山事件""三鹰事件""松川事件"等匪夷所思的事件。10 月，中华人民共和国宣告成立。在日本，共产主义革命也似乎一触即发。

空洞无物的夏普建议书

1949 年 5 月，在道奇来到日本 3 个月后，以哥伦比亚大学教授卡尔·夏普（Carl Sumner Shoup）为团长的税制使节团来到日本。该使节团在同年 8 月提交了第一次报告，也就是

"夏普建议书"。其主要内容包括简化税收制度、保障制度运用公平、强化地方财政等。日本税务方面的教科书对这份建议书的评价是"奠定了战后税收制度的基础"。

但是，我个人认为，这份报告几乎没有什么值得一提的内容。

正如本书序章中提到的，战后日本税收制度的基础是在1940 年的税收制度改革中确立的。明治时代以来，日本传统的税收制度以地租和营业税等近代以前的税种为主。这些税种无须把握纳税人的准确收入也能计算出应缴税额。因为当时尚不具备征税所需的基本条件，这也是无奈之举。但是随着第一次世界大战后近代产业的迅速发展，旧税制仍然未能对近代产业有效实施征税。即使到了昭和时代（1926 年为昭和元年），直接税的比例仍然很低，1931 年至 1936 年的平均国税收入中仍有大约三分之二来自间接税。可见，日本的征税体系一直以间接税[①]为主体。

此外，与现在相比，战前的财政结构也赋予地方更大权力。以前没有现在的地方交付税拨款和国家补助，地方政府的财政收入由地方政府自拟名目征收的独立税和由地方政府自行决定税率的国税附加税构成。

1936 年广田弘毅内阁成立，该内阁中担任大藏大臣的马

---

① 直接税是指纳税人与缴税负担人相同的税种，比如所得税、法人税等。而间接税是指纳税人与缴税负担人不同的税种，比如消费税由销售商负责缴纳，但实际负担者是消费者。

场锁一对旧税收体系进行了彻底改革。马场本是大藏省官僚，后来担任日本劝业银行总裁，之后成为广田弘毅内阁的大藏大臣。1937 年马场提出以所得税为基础，财产税为辅助，在此基础上导入营业税，创立了崭新的税收体系。

长期以来以间接税为核心的税收制度就此变为以直接税为核心，向过去一直没有充分征税的新兴产业布下了国税的天罗地网。同时大幅削减地方政府的财政自主权，由国家统一征税，再向地方拨款。其目的是强化国家对地方的统治。

由于遭到产业界的强烈反对，马场的税制改革方案未能立即实现。但是由于战争激化以及战时财政需要的扩大，1940 年 4 月米内光政内阁采纳并实施了这项改革。

在这场税收制度改革中，最应该强调的是导入了工资收入的源泉征收制度。这项制度的目的是，对低收入阶层也广泛征税，来增加税收以确保筹集到战争费用。同时，法人税被独立出来，与所得税共同作为直接税的两大税种构成税收体系的核心。

政府同时以"调整地方团体之间的财力，保障地方团体的财源"为名，设立了地方税制调整交付金制度。这项制度剥夺了地方政府的自主征税权，使其不得不依靠来自国家的补助和拨款来维持地方财政运营。这项制度沿用至今。

马场于 1937 年提议的该税收制度，并没有因为夏普建议书而大幅改变。除了 1940 年没有实施的一般营业税在 1989 年作为消费税被导入以外，这个税收体系至今未有大的改变。

我认为，邀请夏普这件事也是由大藏省官僚策划的。虽然教科书都写道，"夏普使节团来日期间，大刀阔斧地展开活动，在短短 3 个月的时间内完成了内容庞大的报告"，但其实这些报告应该都是大藏省的官员们制定的。夏普不过是担了个虚名而已。所以无论是夏普还是道奇，都是日本的官僚们借他人之手，实施自己制定的政策的招牌而已。

真实目的在于拉拢个体经营者

那么当时大藏省这么做的真实目的是什么呢？我认为并不是为了改革税收制度，而是试图在制度运用上有所缓和。具体来说就是通过导入青色申告制度来拉拢个体经营者。

青色申告制度是指，小规模个体经营者即使实际经营形态是个人经营，也允许他们享有与法人同样的税收方面的优惠。例如允许他们向家人支付工资等。我认为导入青色申告制度的目的在于缓和小商贩们的不满。

当时的时代背景是这样的。1948 年，也就是"夏普建议书"提出的前一年，政府依据 1947 年生效的申报纳税制度对征税进行了严格的审查和强化。申报纳税制度是指，由纳税人自己计算应缴税额，向政府有关部门申报并交纳税款的制度。前文提到，随着源泉征收制度的导入，国家对个人的工资收入已经有了比较准确的把握，而对企业和个体经营者们，则采用申报纳税制度，以自我申报为基础来征收所得税、法人税和住民税等。

但是，申报纳税制度的前提是纳税人自觉并且准确地申报自己的收入。为了防止出现逃税行为，税收当局在最初大力强化征税，对纳税人的申报进行了彻底审查。

这一年，我们家收到了"更正决定"。所谓更正决定是指，对于恶意逃税行为，税务局长有权根据事实更改原申报内容，进行惩罚性征税。更正决定这种处罚方式现在几乎已经不再被采用，如果有申报遗漏的情况，往往以"修正申报"作为解决方式。

母亲肯定不会恶意逃税，可是当时小学二年级的我听到的却明明是"更正决定"，而非"修正申报"。这到底是为什么？这个疑问，直到我后来进入大藏省也没解开。

直到很久以后，我才得知，1948 年曾经大范围对纳税人实施了更正决定。国税厅的主页上登有曾任税务大学研究部主任的池本征男教授题为《申报纳税制度的理念与机制》的论文。这篇论文写道：

> 导入申报纳税制度的 1947 年，日本经济处于疲倦的低谷。通货膨胀继续高涨，所得税负担十分沉重，纳税人对于税务官员的信赖降至最低水平。而且，税务职员从1946 年的 27 000 人激增到 1948 年的 74 000 人。近 5 万名新职员不熟悉业务，对新制度的实行非常不利。在这样的环境下，制度改革将征税方式改为申报纳税方式，导致

税收行政事务出现了极大混乱。特别是在个人所得税方面，1948 年大约有 70% 的纳税人受到政府"更正决定"的处罚。很多纳税人提出异议（当时的税法将此称为"请求审查"），拖欠税款也成了长期现象。

1948 年，个体经营者的 70%，在城市几乎是 100% 都受到更正决定处分。依照更正决定，政府追缴的税收金额高达所得税征收额的一半左右。所以我多年来的疑问终于找到了答案，我们家无非是当时城市 100% 受到处罚的人中的一部分而已。

顺便说一下，我的母亲坚持自己没做坏事，抱着所有账本冲进了税务局。从那以后，我家的纳税事务全都委托给了一位年轻的女税务师处理。之后这位女税务师一家与我们家的友好往来维持了很长时间。

审议会制度初具雏形

当然，实行如此严厉的征税措施必然引发纳税人的抵触。后来还出现了这一情况被共产主义势力所利用的趋势。1951 年，号称"守护中小企业者的经营和生活"的民主商工会成立。日本当时处于随时可能爆发共产主义革命的状态，政府不敢对此熟视无睹。为了避免心怀不满的纳税人投入共产主义势力的怀抱，政府需要拉拢小规模个体营业者。为此，大藏省请来了夏普。

可能有人会认为，缓和激进的征税方式，会受到纳税人欢迎，没有必要特意去找个美国人来担此大任。但政府机构信奉的是"绝对正确"的神话。也就是说，政府机构不会做出错误决策。所以即使日后发现当初判断有误，政府机构也绝不会承认。所以要改变当初的征税方针，政府需要请来夏普，让他提出税制改革建议书，演出一场"奉占领军之命不得已而为之"的好戏。

我关于道奇的推测，有宫泽喜一的证词作证。但是关于是谁策划了请来夏普这件事，却由于对方手法太高明，完全没有留下痕迹（虽然我暗自猜测，应该是那个人，那个后来从主税局长升任大藏政务次官的人……）。

也正是在这一时期，沿用至今的审议会制度的原型被设计完成。这项制度的本质其实就是，对于自己希望实施的政策，政府部门绝不会主动开口，而是要召集学者组成审议会，让他们在审议会上提出符合政府意愿的意见。然后政府部门再顺水推舟，口称依照民意实行某某政策。现在的审议会可以说是漏洞百出的蹩脚闹剧，不过道奇路线和夏普建议书等却实在是设计周到，毫无破绽，仿佛是职业演员们上演的名剧。

此外，这一时期对于农业的收入转移，主要是通过粮食管理制度来实行的。粮食管理制度是 1940 年体制的重要组成部分，第 2 章第 1 节还会详细论述。

3 经济高速增长前的助跑

迎来朝鲜特需

日本经济由战后复兴阶段迈进高速增长阶段的契机是1950 年 6 月发生的朝鲜战争。我那时正在读小学四年级，每天都会看报纸关心战况。而且电影院里正式放映电影之前，总会先播放新闻影片，我从那里也了解到许多朝鲜战争的情况。

对日本来说，这场战争无异于救命之神。因为美国为了支援韩国参战，将日本作为补给基地，战争产生的特殊需要使日本的市场需求随之大增。因"道奇路线"而陷入低迷的日本经济就此得以再度振兴。

价格方式与配给方式

不论是资金还是物资，主要都有两种分配方式，即通过价格进行调整的方式和通过统制进行配给的方式。例如教室里有50个学生，却只有20个气球，这时就会出现如何将20个气球分配给50个学生的问题。

要解决这个问题，有一种方法是先让希望获得气球的学生提出交换条件，例如"我来打扫教室"等。然后按照学生提出条件的高低顺序依次发放气球。这就是通过价格进行调整的方式。

还有另一种方法，就是老师决定哪个学生能领到气球。比如"A是乖孩子，所以发给他气球；B不听话，所以B领不到气球"。这种完全由老师来决定的方法就是通过统制进行配给的方式。

按照通过价格进行调整的方式来分配普通的经济资源，就是先由买家出价，将资源分配给出最高价的人。自由主义的市场经济基本以这种方式来分配有限的资源。

但在战时经济中，政府往往采用配给的形式来分配资源。其中最典型的例子就是食品配给。

根据1938年的《国家总动员法》，日本对企业的各种生产原材料实行统制和配给制度。金融体系由直接金融向间接金融的转换，也是为了确保这种分配方式的顺利实施。

这种情形并不仅限于日本。战争期间，许多国家都进行物资管制，连美国也不例外。

战后日本在一段时期内对生活必需品实行配给，但后来经济活动恢复正常，物资管制也随之解除，重新回到市场经济的轨道上。

对于企业所需的资源与资金，本来也应该按照市场机制进行分配，也就是让企业竞价，由出价最高者获得所需资源。但是 20 世纪 50 年代的日本却是采用以下两种方法来进行配给的。

通产省的外汇管理

第一种方法是对外汇进行管理，相关业务由通产省负责。这项制度以 1949 年 12 月公布的《外汇及外国贸易管理法》（通称《外汇法》）为基础。其原型是 1932 年的《资本逃避防止法》。

20 世纪 30 年代的世界经济大萧条期间，大藏大臣高桥是清试图通过发行日本银行承购的国债来扩大财政和增加货币供应量，为此制定了《资本逃避防止法》。该法的目的是防止国内资本因为日元贬值而大量逃往海外。这部法律于 1933 年被废除，其相关条款在同年开始实施的《外汇管理法》中得到继承，后来又成为战后《外汇法》的主要内容。

按照《外汇法》的规定，日元与外汇的兑换只能在政府指定的外汇银行进行。进口货物当然需要外汇。而支付进口货款所需的外汇资金必须得到外汇银行的"进口许可"后才能获得。

不过 1949 年《外汇法》还规定，"进口许可"必须要获得通商产业大臣的批准。也就是说，不论从外国购入何种商品，都必须得到通产省的许可。政府由此堵住了企业私自筹措外汇的渠道。这就是外汇资金的配给制度。

在战后日本经济的复兴过程中，为了解决国内的资金不足问题，引进外资的必要性受到关注。因此作为《外汇法》的补充，1950 年 5 月制定公布了《关于外资的法律》（简称《外资法》）。该法规定了《外汇法》的例外情况，在一定范围内允许外国向日本投资，允许与外资的利润和本金相关的汇款。

通过《外汇法》，通产省大权在握。为了拿到通产省的许可，企业相关人员经常在通产省的走廊里排成长队。这里被称为"虎之门银座"。

美国的国际政治学者查莫斯·约翰逊（Chalmers Ashby Johnson）在其著作《通产省与日本的奇迹》中指出，"当时的通产省在日本经济中握有绝对强权"，这个见解无疑是正确的。

在经济高速增长时期，日本经济受到世界瞩目，查莫斯的观点也常被引用，因此经常有人说"日本经济就是由通产省管理的日本株式会社"，并由此得出"是日本的企业体系使日本经济实现了奇迹般的增长"的结论。但是，这个观点却不对。

因为通产省掌握强权的时期仅至 20 世纪 50 年代末为止。60 年代以后的经济高速增长时期《外汇法》被修订之后，通产省就失去了外汇配给的相关权利。

日本银行的窗口限制

配给方式的第二种做法是来自日本银行的窗口限制。

在 1940 年体制下的金融体系中，企业主要依靠银行贷款来获得资金。日本银行介入这个过程的做法被叫作"窗口限制"。为什么日本银行能介入民间银行对企业的贷款呢？其背景如下。

如同本章第 1 节提到的，日本在战争时期根据 1937 年制定的《临时资金调整法》，对企业资金分配实行统制。

根据该法律，企业通过融资或发行公司债券及股票等筹集资金的手段都必须得到政府许可。由官僚组成的"临时资金调整委员会"按照重要性的高低对企业进行排序。根据这个排序，各银行及证券公司对具体案件进行自主审查，抑制对"不重要、不紧急"的产业的贷款，将资金集中分配给军需企业。

这一机制由《银行等资金运用令》加以补充完善，《银行等资金运用令》是以《国家总动员法》为基础制定的。除了战争时期以外，在战后也被继续沿用为设备资金统制的法律框架。

1945 年《临时利息调整法》制定，规定了银行的存款利率、贷款利率、票据贴现利率、账户透支利率等金融机构的利息上限。利息被政府通过政策手段人为地降低，从而诱发了过剩的资金需求。这实际上限制了市场的调节功能，通过配给进行资金分配的制度框架由此初具雏形。

向企业进行资金配置的是民间银行。因此银行员工的工作被认为是地位稳固，高枕无忧。

但是银行仅靠存款无法满足资金需求，还需要从日本银行贷款。因此，日本银行对于民间银行拥有绝对支配权，甚至可以干涉某些具体案件，统制对企业的贷款。这就是窗口限制。

当时的日本银行总裁一万田尚登被称为"法王"。"川崎制铁问题"充分体现出其权力之大。道奇路线实施后不久，川崎制铁公司计划在千叶县修建大规模钢铁制造厂。但是这个计划遭到一万田总裁的反对，他认为该工程是对紧缩政策的倒行逆施，据说还曾经放言"如果企业胆敢强行开始建设，我就让千叶成为一片荒地"。

1947 年栗栖赳夫（日本兴业银行前总裁）就任大藏大臣，据说他在去大藏省赴任之前，曾经先到日本银行向一万田总裁问候致意。据说当时的大藏省主税局局长池田勇人闻听此事后勃然大怒。从此以后，池田与一万田之间的争斗被演绎成许多逸闻趣事。

但是，不论国内实行多么严厉的金融统制，如果企业能在海外市场通过发行债券等方式筹集到资金，那么国内的统制也终将变成一纸空文。为了防止出现这种情况，战争时期和战后的较长时期，日本都实行了金融锁国政策。其法律根据就是前述的《外资法》。

就这样，战后的日本处于抑制银行利息、资金分配统制和金融锁国的状态之下。战后初期，战争时期形成的 1940 年体制仍然掌控着日本经济。

有了 1940 年体制，重化工业才得以发展

正是在上述体制之下，日本重化工业才实现了发展。如果当时采用由市场主宰的价格分配方式，则未必能够实现重化工业化。这是因为，当时在日本，纺织纤维等劳动密集型轻工业在产业中占据较大比重。有限的资本为了在短期内谋求回报，很可能会被投向轻工业或者商业。从长远出发，投资重化工业，使其实现现代化的资源分配违背了市场原理，也只有在 1940 年体制下，才能得以实现。

但同时，这种人为配给资源的方式也成了滋生腐败的温床。因为负责资源配给的官僚权限过大，很容易被腐败侵蚀。1948 年 6 月的昭和电工事件就是典型事例。当时，昭和电工公司为了得到复兴金融金库的贷款，向掌权的政府高官和复兴金融金库的干部行使贿赂。昭和电工事件以外，肯定还有许多没有被曝光的事件和问题。只不过这些事件和问题还不足以撼

动当时的体制。

但是有一点应该强调，那就是将如此巨大的产业资金的分配权紧握于手的日本经济官僚制度可能不够廉洁，但也没有腐败到激起民愤，危及体制存续的地步。

4 告别战后

"神武景气"与"岩户景气"的开始

朝鲜战争期间的 1951 年，同盟国与日本在旧金山签订了《对日和平条约》（又称《旧金山和约》），该条约于 1952 年 4 月生效。盟军结束了对日本的占领。1953 年 3 月，苏联领导人斯大林去世，日本股民普遍预测，随着朝鲜战争结束，"朝鲜特需"将会消失，导致日本股价暴跌（又称"斯大林暴跌"）。果不其然，1953 年 7 月《朝鲜停战协定》正式缔结。虽然确实由于失去特需而受到影响，但日本经济仍然继续前行在高速发展的道路上。

从 1954 年 12 月开始，日本进入"神武景气"时期。所谓神武景气是指，神武天皇即位以来的好景气。这一次是日本不再依赖战后复兴的需求或者朝鲜特需，而是真正依靠投资和消费等内需的增加促进经济增长所带来的好景气。在这个意义上，我们可以认为日本由此走上了真正的经济增长之路。在神武景气期间，日本经济恢复并超越了战前的最高水平。日本经济白皮书也以"已经不是战后了"宣告了战后复兴阶段的结束。

1955 年 11 月，日本两大保守政党自由党与民主党合并组成自由民主党。自由民主党与早前完成重组统一的社会党共同形成了一个新的政治格局。这个格局之后一直没有改变，被称为"1955 年体制"。

正式跨入经济高速增长时期以后，日本国民的生活水平显著上升。20 世纪 50 年代后半期开始，被称为"三种神器"的黑白电视机、洗衣机和电冰箱得到普及。之前只能在电影里看到的这些电器真正进入了百姓生活，它们的普及要归功于稳定的电力供应。

唱片机也开始进入市场，以前只能在收音机里欣赏到古典音乐，现在用一张唱片就可以听到所有乐章。我买的第一张唱片是卡尔·贝姆指挥的贝多芬第六交响曲，花了 2 300 日元（当时大学毕业的男生第一年工资是 13 000 日元左右）。我家也终于建成了像样的两层楼房。这一时期，我们都切身感受到，今天的生活比昨日更富足。

中学二年级时，我从位于神田小川町的诚文堂新光社买来反射镜和目镜，自己动手制作了一架口径 10 厘米的反射望远镜。刚好那年火星接近地球，我还用它观测到了火星的白色极冠。

当时东京的日常交通工具以公共汽车和都营电车为主，地铁还只有少数的几条线路。乘坐中央线去霞关上班的政府公务员们，除了坐公共汽车或者电车，就只能从四谷步行过去。

从 1958 年开始，日本又进入"岩户景气"时期①，经济发展更上一层楼。与此同时，从 20 世纪 50 年代开始，欧美各国开始强烈要求日本放开市场，实行贸易自由化。1959 年召开的国际货币基金组织及关贸总协定的总会上，日本被要求恢复货币自由兑换，开放国内市场。

---

① 岩户景气是指，日本经济史上从 1958 年 7 月至 1961 年 12 月为止，持续约 42 个月的好景气。它与神武景气、伊奘诺景气并称为日本战后经济高速增长时期的三大好景气。

我们来到了卡美洛 [①]

1956 年，我升入东京都日比谷高中。对我们来说，这里就像传说中的卡美洛。

我现在依然记得，校长在开学典礼上讲，"我们以英国的伊顿公学为范本，把各位当作绅士对待，也请各位以此来要求自己，行为要符合绅士的身份。"这所学校规定可以不换拖鞋，直接穿着皮鞋走进教室。虽然只是微不足道的小事，却着实强化了我们作为绅士的自觉。

天皇曾经计划在学校创立纪念日来视察，但是由于学生们的反对，这个计划最终不了了之。

二年级以后的分班都是学生自己决定，授课的老师也由学生挑选。授课方式主要是由学生们轮流讲解，老师则在窗边打瞌睡。隔壁班曾经以"无能"为由，将语文老师赶走。1956年匈牙利革命爆发之际，为了向苏联抗议，同学们甚至决定派班级代表去匈牙利（最后因为没钱未能成行）。那时的学生们

① 卡美洛是亚瑟王传说中的王国，是坚不可摧的城堡。它是亚瑟王朝处于黄金时代的标志，是其政治权力中心和亚瑟王最爱的家园。这座金碧辉煌的城堡令四海英雄皆心向往之，无不渴望投奔其中，成为圆桌骑士的一员。由于亚瑟王的父亲尤瑟王曾在国内进行过巫师大屠杀，所以卡美洛是不容邪恶魔法侵犯的圣城。

都极为狂妄和自负。

时任经济团体联合会会长的石坂泰三曾经来学校视察校园文化节，他激励我们说："各位同学的校友里，当了政府机构的事务次官、大企业社长或者东京大学教授的人多得用扫帚一扫一大堆（他真是这么说的）。但是却没有一个人真正对社会做出贡献。你们千万不要向他们学。"

日本自明治时代以来，能否考入国立大学或者在中央政府部门任职，全都只凭学习成绩，与出身门第或者父母的经济实力无关。所以即使出身寒门，只要成绩好，也能打破社会阶层的墙壁，进入上流社会。石坂想说的是："你们要珍惜这样的机会，但不要得意忘形。"

像日比谷高中一样的学校，如今已经从日本消失。当年的校舍也早已了无踪迹。我之所以把这所学校比喻为卡美洛城堡，也是因为它有"一旦失去，就再也不能重兴的圣地"之意。

学校附近有"赤坂见附"车站，当时丸之内线尚未开通到这里。车站因为建在地下二层，所以夏天很凉爽。车站前面有一条长长的坡路，日比谷高中就位于坡路上方，我们把这条路称为"迟到坡"。路的一侧是叫作"华盛顿高地"的美军家属宿舍区。

我至今还记得，有一次期末考试结束之后，我在学校图书馆里读到阿部次郎的散文《卢塞恩的春天》时，曾经边读边想："这么好的地方，恐怕这辈子也没有机会去看看。"[1]每逢听到舒伯特第九交响曲，我都不禁回想起当年学校里的种种往事。对未来的憧憬和不安相互交织在一起，那种复杂的情绪至今还记忆犹新。

那时每天都能从教室的窗户看到修建之中的东京塔一天天变高。

当时安电话的人家很少，借用邻居的电话这种现在看来难以置信的方法，在当时却很普遍。因此，我的同学中有好几个人连怎么打电话都不知道。而我至今也还是对电话既讨厌又害怕。

接通长途电话通常要花费好几个小时。电报是常用的紧急联络方式。因为电话联络不便，不提前打招呼，突然拜访别人家或其他公司的情况也很常见。在人人都有手机的如今，已经很难想象出当时社会的情形。旅行时需要预约酒店，是通过信件预约的吗？需要频繁联络的业务往来，人们又是如何应对的呢？现在想想真是不可思议。

1957年10月的一天，我们在参加学校的秋游时得知，苏联成功发射了世界上第一颗人造卫星史普尼克一号。这个消息给我们这一代人带来了很大影响。我还清楚地记得，自己在赤坂见附车站一边盯着地铁列车的车轮，一边兴奋地暗下决心："物理能够推动世界。我也要钻研物理，为世界的发展做贡

---

① 卢塞恩是琉森州首府，位于瑞士中部，是著名的风景区。

献。"后来看到美国电影《十月的天空》（*October Sky*），发现原来美国的少年们也曾经抱有同我一样的想法。

　　那时的日本，大家都认为"花时间去学习，还不如帮家里做点事"。当时日本高中入学率仅为 50% 左右，大学入学率更是只有 10% 左右（图 1-2）。虽然被人逼着学习也很烦，但在我们那个年代，能上学学习却是一件奢侈的事情。

　　在这样的时代里，有幸升入大学，成为那 10% 中的一员，我感到实在是非常难得（我确实认为这是"很难得到"的机会）。

　　我的朋友当中有许多人聪敏好学，却因为贫困而无法进入大学学习。电影《十月的天空》的主人公也曾处于这样的环

图 1-2　入学率的变化

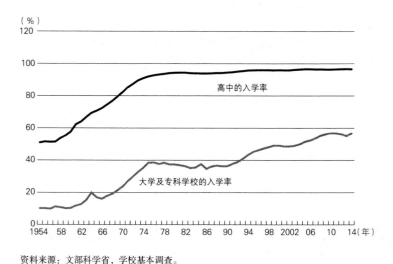

资料来源：文部科学省，学校基本调查。

境。他本来注定要与父亲一样，成为一名矿工。但因为抓住了一个偶然的机会，才得以成长为美国国家航空航天局的火箭技术人员。原来美国当时也是与日本一样的情形。

5 战后史观与1940年体制史观

通常观点：通过非军事化和民主化实现复兴

对于战后历史，通常的观点认为从1945年到1959年的这一时期，是"以战后民主主义和和平国家理念为指导的日本重建时期"。该观点认为，日本因为摆脱了军费的沉重负担，从而实现了经济增长。

持这种观点的人认为，大企业被根据《集中排除法》分割，企业经营实现了民主化。索尼和本田等战后诞生的企业成为日本经济的引擎。工会也得以成长，逐渐开始影响企业的经营。工会的民主参与和企业经营的民主化激活了企业的生产活动。而推进这个过程的，是占领军中的新政派。

不过占领军的方针后来发生了变化。主张对日本实行民主化与非军事化的新政派势力虽然在初始阶段占有优势，但随着冷战形势的发展，占领军改变了路线，试图将日本当作阻止共产主义蔓延的防波堤。因此，他们开始认为有必要强化日本产业发展，增强日本的经济实力。这个路线变化被称为占领军总司令部的"右回旋"。

这就是对于日本战后史的通常观点。

1940 年体制史观：复兴是战时体制首战告捷

对此，我的看法如下。

占领军总司令部对于日本的情况几乎一无所知。是日本的技术官僚利用占领军的权力，实行了改革。农地改革是日本官僚起草并实施的政策，具有日本特色的以企业为单位的工会制度也是在战时体制中酝酿形成的。

对日本战后复兴起到最重要作用的，是通过统制方式进行的资金重点分配。也就是说，不是通过市场的价格机制调节资金分配，而是从政策角度出发来分配资金。生产力因此得到了快速恢复，为接下来的高速增长做好了准备。实现这一过程的基础，是战争时期形成的以支援战争为目的的经济体制，也就是 1940 年体制。

1940 年体制在战争时期确立，是旨在全面支援国家战争的经济体制。但是战争结束以后，其目的被变更为增强经济实力，特别是生产能力。在实现这一目的的过程中，以官僚为核心的战时体制继续发挥了重要作用。引领日本经济的主要企业大多是在战争时期重组改造的一批企业。换句话说，是战争时期构建的制度，推动日本在战后实现了复兴。

这就是我的观点，我将之称为"1940 年体制史观"。

战后日本经济的复兴，是战争时期确立的 1940 年体制最初的胜利，也是日本迈向经济高速增长时期的重要一步。

第 2 章

高速增长是如何实现的？

1960 年—1970 年

1 高速增长正式开始

安保斗争到底是什么

1960 年 7 月，池田勇人内阁诞生。池田内阁提出"收入倍增计划"作为招牌政策。从此，经济发展成为日本举国的目标。

可是，在走上全力发展经济的道路之前，日本还曾经有过一段围绕《日美安全保障条约》的政治季节。

1951 年，日本与大部分同盟国成员签订了和平条约，其中包括与美国签订的《日美安全保障条约》。根据这个条约，美军在盟军占领结束后仍然继续驻留在日本。这是美国在冷战格局之下，为了对抗苏联、中国和朝鲜等社会主义势力，而必须采取的措施。

1960 年 1 月，这项条约的部分内容做了修订，由当时访美的首相岸信介与美国总统埃森豪威尔签署。但是岸信介归国

以后，日本社会党主张废弃安保条约并拒绝审议。1960 年 5
月，自民党强行通过了批准新条约的决议案，从而引发了国会
外部针对安保条约的反对运动。进入 6 月，全日本学生自治会
总联合会（简称全学联）等连日举行了反对安保条约的示威游
行。这就是安保斗争。

当时我是大学二年级学生。因为几乎所有的学生都去参加
示威游行，学校处于停课状态。游行时被警察的水枪浇得透湿
的同学们昂首阔步，骄傲地走在校园里。

教室里只剩我们少数几个学生。自治会的委员走进教室，
指责我们说，"你们太没有觉悟了"，言辞激烈的非难和斥责完
全没有反驳的余地。我不禁想起高中时作为英语课外读物读过
的乔治·奥威尔的小说《动物庄园》①，感觉仿佛被护卫独裁者
拿破仑的恶犬咬了一样。

安保条约的此次修订本是向着有利于日本的方向改变的，
我并不认为是值得那么大动干戈的严重问题。1970 年安保条
约自动延长时，也发生了反对运动。但是我认为这些反对运动
并没有对之后的日本产生多大的影响。当时的骚动究竟是因何
而起，我至今仍然不得其解。

---

① 《动物庄园》（*Animal Farm*），英国作家乔治·奥威尔所著小说。故事主
要描写农场里的猪在"人类剥削牲畜，牲畜须革命"的理论指导下，掀起革命，
将原来的剥削者农场主人赶走，实现了"当家作主"的愿望。但后来获取了
领导权的猪们拥有了越来越大的权力和越来越多的优越待遇，逐渐脱离了其
他动物，最终变成与人类完全一样的牲畜剥削者，动物庄园的名字也被放弃。

收入倍增计划与高速增长

为了将国民的关注从政治引向经济，池田内阁提出了"收入倍增计划"。这个计划大获成功，日本国民的关心转向经济发展，政治运动从此偃旗息鼓。

"收入倍增计划"宣称，使国民收入在 10 年里翻一番。以现在的感觉来看，这是一个难以置信的狂妄计划，但考虑到当时日本经济的潜力，不如说这个计划还比较保守。

日本的名义 GDP 在 1955 年到 1970 年期间，几乎每 5 年就会翻一番。例如 1960 年的名义 GDP 是 1955 年的 1.9 倍，1965 年是 1960 年的 2 倍，1970 年是 1965 年的 2.2 倍。1955 年至

图 2-1　实际 GDP 增长率的变化

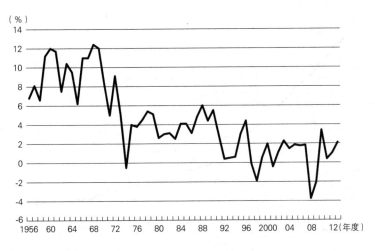

资料来源：内阁府。

1970年期间，日本名义GDP的年平均增长率高达15.6%。图2-1为日本实际GDP增长率的变化情况。从中可以看出，从20世纪50年代后半期至60年代后半期，日本保持着年平均10%的增长率。计算1955年至1970年的年平均增长率，也同样高达9.6%。

由于人口也在同时增加，人均收入的增加虽然比不上GDP的增长速度，但从1960年到1966年，日本的国民所得也增加了1.3倍。

日本的"高速增长"其实也是农业社会实现工业化发展的过程。从各产业从业人数的变化情况来看，1950年农业及林业从业者占49%，到1965年减少到22%，再到60年代后

图2-2　不同产业从业人数的变化

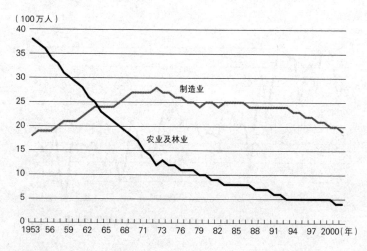

资料来源：劳动力调查。

半期更是低至 12%（图 2-2）。而制造业和服务业则呈现出上升趋势，1950 年制造业从业者占 18%，到 60 年代末则增加为 25% 以上。

我们这一代人就是在这一时期进入社会，走向公司或者政府的各个工作岗位，与日本经济的发展一路同行。虽然从事的领域各不相同，可是无论做的是何种工作，我们都目睹了日本发展的全过程。日本从无足轻重的存在，到开始飞速发展，直至称霸世界的过程。不，不只是目睹，我们还参与其中。作为组织中的一员，我们奉献出自己的所有生活，推动了这个过程。

工业化飞速发展

日本的工业化速度极为迅速，20 世纪 60 年代民间设备投资年均名义增长率高达 17.7%，期间有 3 年甚至超过 20%。从 1950 年到 1960 年的 10 年期间，制造业产量增长 5.5 倍。从 1960 年至 1970 年的 10 年期间，又继续增加了 3.4 倍。

这两个 10 年期间，日本的钢铁产量也分别增长了 4.3 倍和 4.7 倍。20 世纪 50 年代日本的钢铁产量还完全不能与美国相比，60 年代就变得不相上下了。钢铁产量的增长极具代表性地体现了日本制造业的发展（图 2-3）。

日本的制造业掀起了建设高潮。各地纷纷建起大规模钢铁厂，以原油为原材料的化工厂被复杂的输油管道连接起来，建

图 2-3 世界与日本的粗钢产量的长期变化

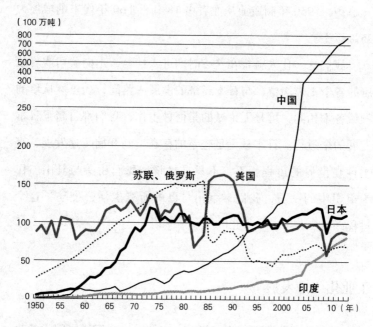

资料来源：日本钢铁联合会各年度的《钢铁统计要览》、日本钢铁联合会及各国钢铁联合会或协会资料。

成一个又一个的石油化学联合企业。这一时期也是日本石油化学工业蓬勃发展的时期。一位不久前刚刚退休的朋友感叹，我们这代人见证了"石油化学工业的兴起和衰落"。

日常生活的光景也随着工业化的发展发生了巨大变化。

首先，随着工业化的发展，城市人口急剧增加。1950 年城乡人口比例为 6∶10，到了 1965 年，这个数字转变为 21∶10。

相应地，社会基础设施也迅速完备起来。市郊兴建起大量

的住宅小区，道路状况也得到了明显改善。1950 年，全国铺
设好的国道只有不到 2 000 公里，到 1965 年增至 16 500 公里
以上，增加了 7 倍以上。在这之前，道路铺设只针对主干道，
大多数普通道路是没有铺设路面的。所以遇到下雨，路面就会
变得坑坑洼洼，一片泥泞。遇到干燥天气，路上又会漫天沙尘
扑面而来。即使没有下雨或者刮风，碎石路也是坎坷不平，汽
车只能颠簸摇晃着前行。去名胜风景区，也都是在这样的道路
上一路颠簸过去。

　　虽然说铁路运输有了很大进步，但与现在相比还是有天壤
之别。我在大学时参加了学校的滑翔机俱乐部，暑假要在仙台
自卫队的霞之目机场（即现在的仙台机场）进行练习。往返的
夜间火车人满为患，记得我曾经睡在列车的过道上。大学三年
级的暑假，我去长崎的三菱造船厂（即现在的三菱重工）参加
实习，那时的普快列车要 24 个小时才能抵达长崎。闷热的三
等车厢里，我坐在硬邦邦的椅子上，无比羡慕地望着安装了空
调的特快列车从旁边飞驰而过。

　　正式决定在 1964 年 10 月主办奥运会以后，东京的公路和
地铁都得到了飞速发展。当时的场面就仿佛东京所有的道路都
被挖起来翻了个底朝天。

　　1964 年，东海道新干线开通。东名高速公路的东京到厚
木之间路段于 1968 年开通，同年霞关大厦① 建成。

① 霞关大厦位于东京千代田区霞关三丁目，由日本三井不动产公司所有。是
日本最早的超高层建筑，高 147 米，地下 3 层，地上 36 层。

1961 年，位于上野的东京文化会馆修建完工。在这以前，音乐会通常只能在狭小的日比谷公民会馆举行，以后终于有了可以容纳交响乐队的宽敞舞台。当时我曾经自豪地赞叹，日本在文化方面也迈进了发达国家之列。几十年后，我又有机会再度来到东京文化会馆，看着已经老旧的建筑，不禁感叹这里也见证了一个时代的终结。

人们为何怀念"昭和三十年代（1955 年到 1965 年）"

很多日本人都对"昭和三十年代"怀有浓厚的乡愁。住宅小区的两居室里，一家人围桌而坐，看着黑白电视，其乐融融。看到这样的照片，就算没有出生在那个年代的人也不禁感叹"真让人怀念"。人们为何会对实际上并没有经历过的时代怀有乡愁呢？

这是因为，"昭和三十年代"在生活方式的方面是现代日本的原点。

在那个时代，日本人的生活水平得到飞速提高。对比 1950 和 1965 年，装有冲水马桶的房屋从 11 万户增至 143 万户。由于卫生状态得到改善，婴幼儿的死亡率也大幅降低，由 1950 年的 60‰降为 1965 年的 18‰。私家车的数量增加近 50 倍，从 3.4 万辆增至 170 万辆。老百姓也买得起私家车的时代到来了。

在此之前，日本的生活方式与战争之前并没有什么不同。

都是榻榻米上摆着矮脚桌，冬天还要配上烤火盆和被炉。过去一直坐在坐垫上，从这一时期开始变为坐在椅子上。人们的梦想就是住进新建的住宅小区。

再后来，黑白电视换成彩色电视，显像管电视变为液晶电视，但它们显示图像的基本功能都是一样的。虽然汽车的性能也大为改观，但其基本功能同样并没有本质上的改变。所以人们看见那个年代的照片，总会感觉那就是如今的源头所在，所以怀旧之情也就油然而生。但是对于矮脚桌、烤火盆等现在已经消失的东西，人们大概就不会有怀旧情绪了吧。

高速增长的阴影之一：煤炭

显而易见，日本一天天变得富裕起来。但同时也有一些领域逐渐落后于时代，煤炭产业就是典型。

在战后复兴时期和采用倾斜生产方式的时代，基本能源主要来自煤炭，煤炭产业是核心产业之一。但是日本进入经济高速增长时期以后，石油迅速取代煤炭成为主要的产业能源。对于必须依靠煤炭的钢铁等产业来说，从国外进口的煤炭因价廉物美受到广泛采用，对国内煤炭的需求骤减。

因此，日本各地的煤矿纷纷倒闭，这又引发了多起与社会主义运动有紧密联系的劳资纠纷。其中比较有名的是 1959 年至 1960 年发生的"三井三池争议"。

三池煤矿是从江户时代延续下来的大型煤矿，横跨福冈县和熊本县，由三井矿山公司经营。公司因经营恶化而裁员，引发了劳资冲突，陷入长期罢工的局面。财政界支持作为经营者的公司一方，而日本工会总评议会则支持工会一方。这场争议受到社会的广泛关注，最后以经营方的胜利告终。

不过，因矿山倒闭而失业的劳动者受惠于当时的好景气，几乎都成功地重新找到了工作。与同一时期的英国不同，日本的高经济增长率推进了产业结构的改革。

高速增长的阴影之二：农业

农业是被时代抛在身后的另一个领域。

日本的农业原本是劳动密集型产业，虽然单位面积的产量较高，但是劳动生产率很低。加之战后农地改革将土地分割给了佃农，土地无法集中，农业的劳动生产率迟迟得不到提高。与制造业的快速发展相比，农业收入相对很低。

对此，政府通过粮食管理制度，对农民提供收入补偿。根据 1942 年制定的《粮食管理法》(简称《粮管法》)，政府对大米和小麦等粮食的价格和供求进行管理。也就是说，保护农户的机制实际上是战争时期所形成的 1940 年体制的一环。

从战争时期到战争刚结束期间，《粮管法》本是强迫农户上缴农产品，由政府分配给国民的制度。但随着粮食供应困难的问题得到解决，粮食上缴制度被废除，《粮管法》变成了政府管控农产品价格的制度。

战后的粮食管理制度采用双重价格制，规定了收购农户粮食时的生产者米价，和出售给指定商家的消费者米价。为了确保农民收入，生产者米价往往设定得高于消费者米价。

农业机械化的进步及农药和化肥的普及，使大米产量年年上升。1967 年，日本实现了大米的自给自足，之后一直处于生产过剩状态。为了保护农民，政府会收购农户生产的所有大米，同时为了抑制大米产量，开始以支付补偿的方式要求农民减少大米种植（该政策被称为"减反政策"）。另一方面，政府禁止进口外国大米。

日本国民接受了农户保护政策。因此，战后日本得以成功地抑制了贫富差距的扩大，将可能引发社会不安的要素限制在了最小范围之内。

这也是 1940 年体制的政府管控侧面发挥作用的结果。1940 年体制不仅支撑着经济高速增长，同时也对调节日本由农业社会进入工业社会过程中不可避免的贫富差距问题，起到了重要作用。

高速增长的阴影之三：中小企业

另外，日本社会具有"双重结构"的特征也经常受到关注。也就是说，日本既有从发达工业国家引进最新设备、提高了生产率的大企业，也有坚持传统生产方式、生产率较低的中小企业，两者在资本集中程度、生产率、技术、工资等方面都存在着巨大差距。大企业将生产转包给中小企业，利用中小企业较低的人工费来节约生产成本，并在景气恶化时将其作为缓冲。1957年的《经济白皮书》指出，"在就业结构方面，一方面我们拥有现代化的大企业，另一方面以近代以前的劳资关系为基础的小企业、依靠家族经营的小微企业和农业依然存在。它们处于对立的两极，中间类型的企业比例极小"，认为中小企业属于"日本的落后领域"。

但是由于经济持续高速增长，导致劳动力供应紧张，中小企业也不得不提高工资，与大企业之间的工资差距在很大程度上得到缩小。

另外，虽然新修了许多高速公路和新干线，但是交通基础设施仍然不能充分满足人们上下班的需要。这一时期，东京首都圈的国有铁道没有开辟新的线路来解决上下班问题。虽然市中心加快了地铁的建设，但通往郊区的路线仍然不足。我认为这是造成20世纪80年代土地问题的一个重要原因。

2 在大藏省看到的 1940 年体制真貌

"从今天起，你就是通产省的人"

我大学进了工学部的应用物理专业，专修半导体研究。当时的指导老师是田中昭二先生，他在超导体的研究方面曾经获得诺贝尔奖提名。田中老师极重情义，在研究方面相当严格，在照顾学生方面也总是尽心尽力。

在研究室里专心实验到深夜的生活持续了几年，转眼就到了该考虑就业问题的时期。我从没考虑过成为一名学者。因为做研究必须留在大学，继续做几年没有工资的研究。我的单亲母子家庭是没有这样的余力的。当时能以当学者为目标的学生，多是有钱人家的孩子。我的一位高中同学大学学习经济学，他甚至曾经对我说，"成绩太好会被建议留校，我可不能好好学。"

应用物理专业的毕业去向多是日立制作所、东芝、八幡制铁、富士制铁、电电公社等大公司。工学部的学生在大三和大四的暑假要去工厂实习。我大四时曾到一家知名机电厂家的中央研究所实习了一个月。我不喜欢那里的工作氛围，希望能从事"视野更宽阔的工作"。于是我考了研究生，同时开始自学经济学。

我觉得参加公务员考试最能证明自己学过经济学，所以在1963 年的初夏参加了经济类职位的公务员考试。

虽然并没打算做公务员，但考试成绩公布以后，我还是抱着长长见识的想法去通产省参加了面试。没想到走进会客室，正面坐着的一个人就站了起来，紧紧握着我的手，当场宣布"从今天起你就是通产省的人了"。

这个人就是通产省的特许厅长官佐桥滋。他是通产省"统制派"的统帅，也是城山三郎的小说《官僚们的夏天》中的风越这个角色的原型。作为通产省的非核心部门，特许厅的长官怎么能够有权参与通产省的职员招聘呢？这是因为在通产省内部的权利斗争中，他虽然一时失利脱离了核心地位（详见本章第 3 节），但是实际上仍然掌握人事大权。

佐桥长官的左边坐着一个圆脸的人，一言不发，只温和地笑着。后来我才知道这个人是通产省的秘书科长川原英之（政府部门的秘书科长相当于民间企业的人事科长，负责人事录用）。我对始终未发一言的川原科长印象非常深刻。现在想起他来，还会有种莫名的感动。他也是佐桥军团的一员干将，在《官僚们的夏天》中以"鲇川"之名登场。现实中的川原英之先生在三年后的 1966 年，在任通产省官房长官期间突然去世。

总之在这一天，尽管我并没打算做公务员，却因为去了一趟通产省，一下子就被抓到了。不过，这还只是故事的开始。

被拉进大藏省

那天我刚回到家里，就接到了大藏省打来的电话，叫我马上过去。于是急忙赶到大藏省，负责人事招聘的高木文雄秘书科长就不容置疑地单方面向我宣布："你被录用了。"

高木科长后来成为大藏省的事务次官，并做了国铁公司的总裁。他在我参加公务员考试时曾经主持过我们的集体面试（大概有十来个考生同时围绕被给出的题目进行讨论），可能是那时记住了我。

虽然大藏省宣布我被录用了，但我已经同意进入通产省了。不过听到我说"其实刚才已经在通产省跟佐桥长官握过手了"，高木科长满不在意地说，"这个不用担心，我去跟他们联系。"他还说，"你去主计局负责通产业务的人那里打听打听，通产省不过是大藏省下面的一个局的再下一级部门来负责的。大藏省比那种地方好多了。"

这理由真是有点牵强（或者根本算不上理由），总之我被不容分说地拽进了大藏省。

要说当时比较正式的考试，大概就是有刚从驻德大使馆返日的官房调查科长参加的那次面试。因为我的履历表里写着"会说德语"，他说要考考我的德语。考题是向来东京参观奥运会的德国人询问他们对东京的印象。我随便说了几句，立即被他指出了其中的错误。

可能高木科长打了招呼，我没有向通产省做出任何解释就进了大藏省。对此我一直惦记在心里。过了几年之后，有个机会与通产省的佐桥先生谈起这件事，他好像早已不记得了，我终于觉得心安了一些。可能当时这样的情况比较多见吧！后来，一位进了通产省的朋友在退休之后感谢我说，"你没去，我才有机会进了通产省。"虽然不知事实是否果真如此，但他的话也多少使我释然。

就这样，在日本这样一个上下等级森严的纵向社会，我却做了横向移动。

这个不同寻常的工作在大学里引起了一些摩擦。听说我要去跟研究没有任何关系的大藏省就业，田中老师大发雷霆，把我带到学校门口的咖啡厅，连日花上几个小时来劝说和教训我。他甚至还找来我的好几个高中同学，要他们想办法劝我回心转意。这件事给朋友们也添了许多麻烦。去大藏省工作了好几年之后，田中老师才终于原谅了我。

别具一格的入职训话

1964 年 4 月，我们同一批进入大藏省的 20 名新职员被带到大藏省的大臣办公室。大家排成一列横队，恭听前一年就任、当时只有 45 岁的田中角荣大藏大臣训话。

田中大臣径直走近我们，从最边上开始，依次与我们每一个人握手。他也不看笔记，也不问秘书，就能一字不差地叫出每个人的名字，边握手边说，"××，好好干"。接下来，大臣对我们做了训话。

他说："你们的上司当中，可能会有一些笨蛋，他可能无法理解你们的优秀建议。遇到这种情况，你们可以来找我。不要客气，直接到大臣办公室来找我。"只在一瞬间，就能马上抓住人心，田中角荣收买人心的手段可真是厉害（不过后来听说，他在各种场合都喜欢说"直接到大臣办公室来找我"）！

接下来，我们又到另一个办公室，听高木科长讲话。他指示我们如何做好成为新职员的心理准备。

他说，"前几天，你们的前辈中，有人喝醉了酒，把警察扔进了皇居的护城河里。胡闹到这种程度都没关系，我替你们摆平。但是比这更无法无天的事，就不要做了。"

这个具体的例子让我们清楚地理解了，绝对不能越过的界限。

在 20 年以后，大藏省还真有人做出越过了这条界限的事。也就是说，有人忘记了高木科长的警告。这件事会在第 5 章详述。

古村裕官房长的训示是，"各位算是抄到了底价"（这应该不算是训示，而是估值吧）。他想传递给我们的信息是，社会对大藏省的评价已经到了最低点，所以今后只会好转，不会更加恶化，叫我们无须担心。但遗憾的是，他的预测落空了。大藏省的最低点还在后面等着呢。

顺便说一下，当时我们工资是月薪 17 300 元。

大藏省的人们

现在大藏省的办公楼外墙贴着瓷砖，但在当年我工作的时候，办公楼的表面只是光秃秃的水泥墙。没有任何装饰，毫无特点。与模仿比利时国家银行建成的典雅端庄的日本银行大楼相比，这里的环境仿佛更适合做流浪武士们的栖身地。

只有地面铺着实木拼接地板，略显优雅。多年后我到东京大学前沿研究所工作，研究所与大藏省办公楼是同一年代建成的，地板也一模一样，让我感到十分怀念。

我被分配到理财局的总务科，理财局负责国债和财政投融资等工作。第二年我调到理财局资金科，从事财政投融资工作（关于财政投融资，将在本章第 3 节详述）。

虽然我说"从事财政投融资工作"，但是其实作为一个新职员，我的工作内容不过就是转送文件、整理资料等零活儿。当时的会议资料都是油印的，计算用的是手动计算机。我总是受上司或前辈的指派，在大藏省内部来回跑腿。晚上加班时还要帮大家点外卖当加餐，还在深夜里给大家泡过方便面。据说这些工作的目的是为了让新职员去掉大学毕业生的盲目自负。

不过在这过程中，我也受到了一些无意中的训练。例如，经常需要拿着紧急文件请副科长、科长或者局长签字盖章，因为他们一般要询问文件的内容，所以我都会提前学习有关的内容。

在大藏省内四处跑腿的过程，其实也是新职员推销自己的好机会。而且，我们也可以借机了解和品评对方。例如有些总是见机行事的人就会说，"让我盖章之前，先去问问局长怎么说。"谁是有能力的人，谁可以信赖，谁比较"黑"，大藏省的人物评价，往往就是通过这些日常交流，自然而然地在大家之间形成共识的。

我也被许可出席局一级的会议。虽然无权发言，但是观看案件讨论及决定的整个过程，也可以学到很多东西。

到了晚上，局长的女秘书下班以后，我们这些新职员会临时接手她的工作。工作的内容就是想办法将一个接一个前来陈情的政治家们打发走。如今的情形是政府官员们夹着资料到议员的办公室去"解释说明"，当时的力量对比关系却恰恰相反。

到了夏天，我们会卸下房间入口的铁门，换上木格子门。不过还是很热，所以女职员都走了以后，我们就把脚泡进冷水桶里工作。编制预算期间赶上圣诞节，我们就直接在科室的办公桌上庆祝。

工作环境一天天改善。电梯由专人手动控制变为自动运行，复印机由湿式复印变为大型的复合电子影印机。局长办公室安上了空调。局长不在时，我们也曾溜进去避暑乘凉。

大藏省万能演讲法

前辈们传授了许多处世法则，例如"在走廊走路时一定要拿着点文件，两手空空会被视为无能""不过当上科长以后，文件就要交给部下，自己绝对不要拿"等。

大藏省甚至还有万能演讲法，专门用来应付突然需要发言的场面。据说就是不论什么情况，一律用"这个世界是由经线与纬线交织而成的"来搪塞。例如，如果提到税收问题，就可以说："所谓税收，是由税务局征税这条经线和纳税人的合作这条纬线构成的。只有两条线互相协作，方能形成合适的税收体系。"关键是要用"线"的比喻，使大家联想到布匹，然后恍然大悟，表示理解。

有一天，我在仓库里查找文件，偶然发现了一份赫然写着"起草人：平冈公威"的文件（平冈公威是日本著名作家三岛由纪夫的原名。三岛由纪夫从东京大学法学部毕业以后，曾经在大藏省银行局工作过不到一年的时间）。

我当时曾想偷偷地把它抽出来放进口袋里，但终究心存顾虑，还是放回了原来的位置。现在想来，特别懊悔当初没有把这份文件保留下来。刚参加工作的新人起草的文件，对于大藏省来说算不得什么宝贝，三岛由纪夫签名的这份文件后来想必是和其他资料一起被处理掉了。而如果由我保留到现在的话，一定具有极高的价值。

在全世界面前的首次亮相

1964 年，国际货币基金组织及世界银行的年会在东京召开。与奥运会一样，此次年会的目的之一，无疑也是向世界展示日本实现经济复兴之后的雄姿。

我们也被派往会场帮忙。所谓帮忙，就是会议之前的准备和会议期间的联络工作。我曾经把资料送到法国当时的财政大臣，后来成为总统的瓦勒里·季斯卡·德斯坦（Valéry Giscard d'Estaing）的手里。

年会的会场设在帝国饭店和刚刚建成的大仓酒店。大仓酒店本馆于 2015 年秋开始拆解作业，令人不得不再次感叹"一个时代的开始与结束"。

东海道新干线是用世界银行贷款修建的，所以在线路正式开通之前，我们曾经招待世界银行成员进行试乘，带他们到京都游玩。回程坐的普通列车，大家不禁惊叹新干线与普通列车之间的差距之大。

参加工作第二年，我调到资金科。这是一个比较大的科室，有五十多名职员，坐在房间的一侧，只见另一侧都笼罩在香烟的烟雾当中。

这段时间，我每天都工作至深夜。在办公楼地下被称作"太平间"的房间里稍微打个盹儿，然后被清晨第一班电车的响声吵醒。接下来又开始对工作全力以赴的一天。

1940 年体制的庐山真面目

我在理财局总务科工作时，该局地方资金科科长是刚从比利时归国的竹内道雄。可能这份工作太缺乏挑战性，他总是把脚翘在桌面打瞌睡。竹内不久之后被任命为资金科科长，开始在资金科发挥才能。

竹内道雄是我遇见过的最聪明的人。不管对话有多复杂，他都能瞬间理解，还能预料到之后的发展。大藏省的工作大多与数字有关，他的心算速度快得惊人，只看一眼表格，就马上能计算出个中明细。有人说他是超级明星杰拉·菲利浦（Gérard Philipe）①，有人说他是白俄罗斯人，我却认为他是外星人。

竹内后来历任主计局长、事务次官。他与其后任事务次官长冈实同样毕业于府立一中，是师兄弟的关系。竹内在上学期间曾因为女性关系问题受到停学处分，听说重新回到学校那天正赶上朝礼仪式②，他从站在学生最前排的级长③长冈面前走过，打招呼说："小鬼头，还好吗"，然后才站到队尾。

大家都知道，公务员大都是按照入职先后论资排辈的。可最使我惊讶的是，大藏省官僚们的年资次序竟然从来没有中断过。从资格最老的事务次官，以下依次为官房长、局长、次长和科长。从战前到战争时期，再到战后，按工作年限排序，丝

---

① 杰拉·菲利浦（1922 — 1959）法国演员，以形象端庄儒雅著称。
② 朝礼仪式类似中国的升旗典礼。
③ 日本中小学生的学生干部称号，管理整个年级。

毫没有因战争结束而打乱。这件事也体现了战争时期形成的
1940 年体制在战后也得到继续沿用。

从物理方面也可以看到 1940 年体制的痕迹。办公大楼如
此冷冰冰就是因为它是在战争时期建成，因为物资不足而没有
任何装饰。地下会议室原本是出于在日本本土展开决战的考虑
而设计建造的。可能是为了在这里狙击从东京湾登陆的美军
吧，大楼楼顶上还建有阻隔燃烧弹的厚厚的防护墙（由于其重
量使大楼倾斜，后来被撤掉）。

1956 年的《经济白皮书》宣称，"已经不再是战后"，意
味着战后复兴阶段的结束。但在大藏省，无论战争时期、战后
时期，还是后来的岁月，都不过是时间长河中的一滴罢了，并
无甚区别。

著述《21 世纪的日本》

工作第三年，我整整
脱岗一年去参加了经济学
方面的培训。因为有了时
间，我与高中时代的朋友
合写了一篇题为《21 世
纪的日本》的论文，参加
了政府主办的征文比赛。
结果我们获得了最优秀总

《21 世纪的日本》颁奖仪式。右侧为佐
藤荣作总理大臣

理大臣奖。1968 年，这篇论文在东洋经济新报社以《21 世纪的日本——10 倍经济社会与人》为题得以出版。

论文的内容是以"10 倍经济社会"为关键词的无限乐观主义。当时在日本，人们都相信"明日一定会比今日好"。当我得知"黄金时代"这个词在欧洲意味着过去的荣光时，不禁有种奇妙的感觉。因为对于 20 世纪 60 年代的日本人来说，谁都理所当然地认为黄金时代是指未来的时代。

现在，我们可能愿意承认黄金时代是指过去的事情。但是在那个年代，人们对未来的感觉却与现在截然不同。

话说回来，我们的论文虽然获了奖却并没有得到周围人的祝贺。我的亲戚中有一位日后做了事务次官的人对我说，"公务员靠这个扬名并非好事，把奖辞了吧"（他因为碰巧被借调到总理府，所以了解评选经过）。我当然没有照办，但是通过此事，我也加深了对所谓的公务员潜规则的理解。

3 高速增长的机制

一般观点

关于高速增长是如何实现的这个问题，一般的观点如下。

首先是经过战后复兴时期，由于朝鲜战争的特殊需求，复兴得以实现。之后日本正式迎来发展的时代，以索尼、本田等为代表的战后新生企业蓬勃发展，勤勉的日本人经过不懈的努力实现了经济高速增长。这就是 NHK 的节目"项目 X——挑战者们"所体现的历史观。

虽然这些方面的作用不可否认，但是如果放眼世界，冷静观察，就会发现日本的发展过程并非例外情况。

发展中国家要赶超发达国家，从农业社会走向工业化和城市化，在这一过程中，势必会出现较高的经济增长率。工业化所需的技术已经得到开发，发达国家也已经示范了其使用方法，所以只需模仿就好。将来的发展前景也比较容易预测，所以转换产业结构的速度自然很快。实际上，20 世纪 80 年代的亚洲四小龙（韩国、中国台湾、中国香港、新加坡）和 90 年代之后的中国也同样实现了与 20 世纪 50 年代的日本同样的高速增长。

但是就日本来说，还有以下几个因素加速了工业化的发展进程。

高速增长时期是重化工业的时代

促进日本经济高速增长的因素可以分为外因和内因。

所谓外因，是指当时的时代背景对于日本经济的发展相当有利。

第一，技术方面的环境适合 1940 年体制。当时的前沿领域主要以钢铁、机电、造船、石油化学等重化工业为中心。这些领域都利于大型企业利用垂直一体化管理方法提高生产效率。因此，经济活动不以通过市场的合作为主，而是主要以大企业内部的职能分担与合作为核心。在这些领域，强调个人对集体的奉献更胜于追求个人利益的 1940 年体制恰恰能发挥它的最大效用。

在这个时代，联邦德国和苏联拥有与日本同样的经济体制，也都将组织的活动放在优于市场的地位。

社会主义国家苏联加速推进了工业化发展。在衡量工业化发展程度的钢铁产量方面，20 世纪 60 年代末开始，苏联赶上了美国（第 78 页图 2-3 ）。

美国著名经济学家保罗·安东尼·萨缪尔森在 60 年代的著述中公开称赞苏联的经济增长，并且在以后的几次再版中，都不断增加对苏联经济体制予以肯定的语句。连信奉市场经济的萨缪尔森都不得不承认苏联的成绩，可见苏联经济当时发展得一帆风顺。这是因为，当时苏联的经济体制顺应了那个重工业时代的需要。

同时苏联在基础科学领域也具备领先世界的实力。当我还是研读工学的大学生时，曾经读过影印版的苏联物理学家关于量子力学和统计力学领域的著作。

优越的国际环境

第二是因为当时的国际环境也对日本有利。

当时日本在世界经济中属于中等发达的国家。因为工资与欧美发达国家相比更低廉，日本以低廉的劳动成本为武器，通过大量生产工业产品，占领了发达国家市场。

20 世纪 60 年代末到美国留学时，我对美国同学说，"日本汽车的性能正在不断提高，不久就会在美国的高速公路上行驶"，曾经引起哄堂大笑。因为那个时代，日本的小型汽车在美国的高速公路上行驶是一件令人难以置信的事情。

如果劳动力成本远比日本更低的中国也在这个时期开始发展工业化，日本恐怕就不会实现高速增长了吧。

有人认为日本的高速增长是"出口导向型的依赖外需的增长"，但事实并非如此。

在经济高速增长时期，日本出口贸易额在 GDP 中始终只占 15% 以下。而当今亚洲新兴经济体的这个数字依次为韩国42.9%、泰国 58.1%、马来西亚 73.1%、中国香港 167.5%、新加坡 138.7%，都是非常高的数值。这表明日本属于完全不同的经济结构。依靠外需牵引经济增长的现象只是在 21 世纪以后，才真正在日本出现的。

在 20 世纪 50 年代之后的日本，个人消费与公共投资的增加导致国内市场迅速扩大，为了满足市场需求，设备投资增加，而设备投资增加则诱发新一轮设备投资增加。这种良性循环实现了经济的高速增长。出口贸易增加，不过是由于国内市场扩大实现了规模经济，日本产品竞争力提高的结果而已。

高速增长的制度基础之一：低利率与资金配给

推动日本实现经济增长的内因就是本书再三强调的 1940年体制。正如本书第 1 章所述，1940 年体制在日本经济复兴过程中发挥了重要作用，在经济高速增长过程中也发挥了重要作用。如果没有 1940 年体制，日本未必能够实现经济高速增长。不过，1940 年体制的内容与复兴时期相比发生了一些变化。以下对此加以说明。

由于贸易收支实现了持续盈余，1964 年 3 月底，日本接受国际货币基金组织"不得以国际收支恶化为由干预汇率"的规定，成为该组织第八条款国。由此，日本废除了外汇配给制度，修订了第 1 章第 3 节介绍的外汇及贸易管理制度。曾经给通产省带来无上权限的外汇配给许可权也不复存在了。

制度上的巨大变动并没有对日本经济造成打击。而且外汇配给制度废除以后，建立在人为低利率基础上的资金配给制度仍然存在，也就是通过财政投融资与银行贷款来实现的资金统制。

首先，日本与国外的资本交易仍然受到《外资法》的限制，国内的金融市场与海外的金融市场被切割开来。对民间企业，仍然还是沿用惯例，基本上不允许通过资本市场进行融资。因此，企业不得不依靠银行贷款来获得资金。

除此以外，政府还限制银行利率，人为地保持较低利率（日本实现利率自由化是在 20 世纪 80 年代以后）。禁止直接融资以及人为低利率造成了对银行资金的过剩需求。正如第 1 章第 3 节所述，银行由此掌握了对企业进行资金配给的大权。

负责为产业界提供资金的银行是日本兴业银行等长期信用银行以及三菱银行、三井银行等都市银行。

人们把钱存到银行，都市银行便用这些资金向企业提供贷款。虽然地方银行和信用金库等金融机构也接受个人存款，但由于没有大企业向它们申请贷款，因此只能将资金借给都市银行或者购买长期信用银行发行的金融债券。长期信用银行是指在 1940 年体制中被例外允许发行债券在市场上进行直接融资的特殊金融机构。长期信用银行便利用此项特权筹集资金为企业提供贷款。

在这个金融体系中，长期信用银行位于民间银行的顶点，接下来依次为都市银行和地方中小型金融机构。这一顺序在后文将要提到的"护送船队方式"中固定下来，大藏省通过对长期信用银行和都市银行进行行政指导，来间接支配它们对民间企业的贷款。

但与经济复兴时期的不同之处是，此时民间资本已有一定积蓄。因此在资金来源方面，银行对于日本银行的依赖程度日益降低，日本银行的窗口限制也失去了效力。

高速增长的制度基础之二：财政投融资政策

能够接受人们存款的除了银行还有邮局。在日本，邮政储蓄历史悠久，从明治时代出现邮局时就已经有了。

在经济高速增长时期，除了来自邮政储蓄的资金以外，大藏省还利用基本养老金的保险金，由资金运用部来实行有计划的政策性投融资。这就是财政投融资（简称财投）计划。

财投在各个领域得到运用。例如完善道路及政府公共住宅等的社会资本（道路公团、住宅公团），为核心产业提供低利率贷款（日本开发银行、日本进出口银行），为生产率较低的小作坊及小微企业提供补助（中小企业金融公库、国民金融公库）等。

由于财投利率低于一般银行的贷款利率，所以获得财投资金大有好处。

但是政府的一般预算中，除了针对政策性金融机构的利息补贴以外，并没有针对财投的低利率投融资的支出。那么不借助补贴，财投如何提供低于市场利率的资金呢？这主要靠以下机制来实现。

这一时期，日本政府对金融机构采取"护送船队方式"管理，也就是既不让任何金融机构破产，也不允许新的金融机构参入。银行的利润来源于贷款与存款之间的利息差额。按照护送船队方式，银行存款和贷款的利率都由政府决定。两种利率之间的差额标准，是按照即使是弱小的地方金融机构也能运营下去的水平决定的。

银行利率不因金融机构的规模大小而不同，这就使得大规模、经营体制完善的银行能够获得超额利润。

另一方面，邮政储蓄和财投由政府管理，无须为超额利润而奔忙。所以其所获得的相当于超额利润部分的盈利就可以用来填补降低利率所造成的损失。这也就是无须补贴，就能提供政策性低利率资金的机制所在。这种机制只有在统制式金融体制下才能实现，是非常巧妙的体系。

财政投融资计划的大部分项目，都不是国会的审议对象。也就是说，大藏省可以自行裁决。政治家们为了使自己的选区或者自己的支持者们能获得更多、更有利的财投资金，经常到主管财投业务的理财局进行陈情。

大藏省是唯一的赢家

从战后到经济高速增长时期的资金配给问题，从政府各部局力量对比的斗争史也可以窥豹一斑。

首先可以从日本银行对大藏省的视角来看。日本进入高速增长阶段以后，日本银行对银行进行窗口限制的效力逐渐减弱，但大藏省对银行的行政指导，也就是间接控制仍然存在。从这个意义上说，是大藏省获得了胜利。用城山三郎的《小说日本银行》的话来讲，这是大藏省的池田勇人战胜了日本银行的一万田尚登。

再来从通产省对大藏省的视角来看，通产省失去了外汇配给权，而大藏省仍然掌握着财政投融资的决定权，也就是说大藏省仍旧可以通过金融来实现管控。这一回合仍然是大藏省获胜。

这些与其说是权力斗争的结果，不如说是伴随经济形势的改变而必然发生的变化。

大藏省的权限扩大，在政治方面增强了与大藏省人事关联更多的自民党的实力，特别是出自大藏省的池田勇人所创建的"宏池会"的力量。宏池会先后走出了池田勇人、大平正芳、铃木善幸和宫泽喜一等四位首相，被称作日本政治的"保守本流"。

财政投融资对低生产率部门的支援

财政投融资也被称为"第二预算"，具有补充一般预算的作用。

例如对如果放任不管将会陷入贫困的农户的收入转移，预算方面主要依靠粮管制度保证米价以维持农户的收入，与此同时，农林渔业金融公库则通过低息贷款来帮助农户。低息贷款用的就是来自财政投融资的资金。

小作坊及小微企业通过国民金融公库提供的贷款维持了生产和经营活动。在民间银行的个人住房贷款并不充分的情况下，由财投出资设立的住宅金融公库提供的住房贷款也帮助许多百姓圆了买房之梦。

20 世纪 60 年代，物价一直持续上涨，特别是大城市的住宅用地价格上涨十分显著。对于能够获得贷款买地盖房的人来说，这是非常有利的经济环境。并不只有大企业靠土地发了财。许多老百姓也靠买房获得了丰厚的隐性收益。

是谁发明了财政投融资

财政投融资这个巧妙的体系是谁发明的？我花费很多精力调查，还是没能找到答案。

邮政储蓄早在明治时代邮政事业初始阶段就已存在，战前这项资金主要由大藏省存款部通过购买国债的方式加以运用。

财投资金通过名为"财投机构"的政府机构用于投融资是战后才开始的。

财政投融资机制不为世间周知，却对日本经济的高速增长发挥了极为重要的作用。首先，"道奇路线"后，处于经济高速增长时期的日本之所以能不依赖发行国债而维持均衡财政，完全是因为有财政投融资的配套运作才得以实现。

如果没有财政投融资，一般预算中用于完善社会基础设施的公共事业费必然增加，很难维持财政均衡。例如在完善和修建道路方面，国家一般预算提供国道的建设费用和对地方道路的补贴费用。但是仅凭这些并不能满足需求，所以还需要建设收费道路。收费道路则依靠财政投融资完成建设。通过这种绝妙的配套组合，日本得以实现了不依赖发行国债的"小政府"。

财政投融资计划由多家财投机构实施，这些机构也成为大藏省职员等公务员的"空降"目的地，退休的官员还可以到这些机构继续任职。"空降"虽然遭到批判，也确实存在很多问题，但是不能否认，为离职的官员准备好去处，可以使人事换代更为顺畅，因此也具有防止老人支配，利于组织新陈代谢的积极一面。

当时，大藏省负责预算的主计局在办公大楼的一层，而负责财投业务的理财局在三层。所以不能编入一般预算，需要财投补贴的项目通常称作"转交三层"。但是因为这其中的判断基准相当暧昧，理财局对从主计局转交过来的情况也比较警惕，以免接手那些一般预算无法处理的不太合理的案件。

　　大藏省的特点可以用一句话来形容，那就是"有局无省"。我也确实感觉到，在大藏省内部的各局之间，很多时候是对立和不信任要多于相互协作的。

　　后来我调到主计局，还被告诫"重要信息不要告诉外人"，使我非常吃惊。这里所说的"外"并非大藏省以外，而是主计局以外。

《特振法》及其挫败

　　随着日本的经济增长，1940 年体制的各种限制规定也被逐渐废除。

　　1963 年，日本加入了关贸总协定。因此不得再以国际收支为由限制进口，也就是必须推行进口自由化。这一年日本的进口自由化比例超过了 90%。日本在这一时点实现了商品的贸易自由化。

　　接下来的课题便是资本的自由化。

　　在此之前，根据 1950 年制定的《关于外资的法律》（《外资法》），日本将外资对内直接投资的出资比例限定为 50% 以下，并且规定"只批准有利于提高国民收入、增加就业、改善国际收支的投资"，"原则上禁止"外国资本流入日本。

　　但是，经济合作与发展组织（OECD）对日本提出的加盟条件是，必须加入《关于资本交易自由化的条约》，推进资本自由化。其内容包括废除《外资法》，取消对外国资本在日本设立子公司或者获得股份的限制。

面对经合组织的要求，日本经济界和部分政府官员感到忧心忡忡。他们认为，"无论是在资本方面，还是在技术方面，外国企业都占有绝对优势。如果推行直接投资自由化，允许外国企业进入日本，日本企业会立即受制于人，国内汽车生产厂家将会被美国汽车三巨头收购。资本自由化的要求就是'第二只黑船'①"。

在这种充满危机感的背景之下，通产省提出了《特定产业振兴临时措置法》（《特振法》），试图通过企业合并及合作促进规模生产，对抗外资。该法案内容包括，"以钢铁、汽车和石油化学工业为对象，鼓励企业间的合并和重组，调整投资，作为补偿，对其在金融和税收方面给予优惠措施。"

以佐桥滋和川原英之等人为中心的官僚们积极推进了该法案的制定工作。但是在通产省内部，有两派存在，即主张依靠《特振法》积极推动企业重组的"统制派（国内派）"和持相反意见的"自由派（国际派）"。这两派的对立就是城山三郎小说《官僚们的夏天》所描述的主题。

从 1963 年春到 1964 年，《特振法》曾经三次被提交到国会，可是以石坂泰三为首的经团联以"官僚统制"为由表示强烈反对。金融界和大藏省也极力反对，最终该法案未完成审

---

① 1853 年，美国海军准将马休·佩里率领舰队驶入日本江户湾浦贺海面，强行要求日本与美国签订《神奈川条约》，从而打开了日本的国门。该事件在日本被称为"黑船来临"。

批，成为废案。

《特振法》成为废案的 1964 年，正是我进入大藏省的这一年（本章第 2 节写到佐桥滋当时在专利厅任职，就是因为那之前有《特振法》成为废案这段经过）。这一年，日本接受国际货币组织第八条款成为其成员国，同年 4 月还实现了加盟经合组织。这以后，日本逐渐走上了资本自由化的道路，并没有出现产业界被外资支配的事态。

通产省提出的企业重组法案，在汽车行业以丰田和日产两大公司为中心。如果这个《特振法》得以通过的话，当时尚属新兴势力的本田和马自达可能就没有活路了。

虽然通产省担心受到外资支配，但实际上当时日本的民间企业已经具备了充分的实力，可以在国际竞争中一比高下。甚至可以说，在这一阶段，政府的限制和干预反而会阻碍民间企业的发展。《特振法》就是对时代的倒行逆施。

于是，民间企业拒绝了政府干预。就民间企业的活力来说，当时要远远好于现在（正如本书第 6 章第 6 节将要介绍的，金融危机之后，日本的制造业开始变得明目张胆地伸手向政府要补贴。而且本书在终章中还会提到，企业对政府的干预也并不反对）。

通过上述事实可以发现，本书提出的 1940 年体制观点，与认为"日本在通产省的指挥下，官民协力地追求并实现了经济增长"的"日本株式会社论"的观点截然不同。

正如前文已经指出的，通产省对民间企业握有强权的时期，是在经济高速增长时期之前的 20 世纪 50 年代，也就是实行外汇配给的时期。在经济高速增长时期，通产省对民间企业活动的影响力就减弱了。

金融统制虽然重要，但大藏省对企业的行政指导原则上并不像日本银行的窗口限制一样直接干预具体投资案件。当时，政府并不直接对民间企业的活动下达指示。

我后来进入大学工作之后，有很多与英美等国的海外学者就日本经济进行共同研究的机会。我发现，许多外国学者对这一点都存在误解。

"日银特融"挽救了山一证券

日本经济高速增长的同时，股票市场的规模也日益扩大，从 20 世纪 50 年代开始，变得活跃起来。尤其是其中的野村证券、山一证券、大和证券和日兴证券四大证券公司的市场占有率不断扩大。

但是，1961 年岩户景气结束之后，股票价格开始下跌。1963 年 11 月，肯尼迪总统遇刺事件成为导火线，引发了股价大暴跌。

证券公司的经营状况由此开始恶化。特别是山一证券在 1963 和 1964 年出现巨额亏损，陷入经营危机。当时证券公司在销售方式上的不透明性是其经营危机背后的原因之一。

证券公司首先选择成长有望的企业，作为"成长股"推荐给个别的优质投资者。由于得到推荐，购买需求增加，这些股票的价格就会上涨。当推荐企业的股票上涨到一定程度，证券公司又会让投资者将其卖掉，来确保收益。卖掉的股票由该证券公司的分公司经营的投资信托接手，以防止股票价格下跌。

这个机制利用投资信托为大额投资者谋取利益，实质上是欺骗了普通的投资信托购买者。但是，只要股票价格不断上涨，投资信托也能从接手的股票中获得利润，所以投资信托"被利用"的事实，并不一定会被察觉和识破。

实际上，从 1960 年东京证券交易所的道琼斯指数超过1 000 日元时开始，投资信托开始迅速增长。受"再见，银行。你好，证券"这句广告语的影响，许多人取出了银行存款，改购投资信托。其结果导致投资信托的规模急速膨胀，被喻为"小池塘里游着大鲸鱼"。

许多购入投资信托的人都以为，投资信托是利润更高、并且与银行存款同样安全的资产。然而，一旦股价暴跌，投资信托也会狂跌，血本无归的事例屡见不鲜。原本以为投资信托是安全资产的投资者，在惊恐之余纷纷解约。投资信托为了向投资者还款，不得不卖出所持有的股票，于是市场上的股票价格继续下跌，陷入恶性循环。山一证券就是在这种情况下陷入危机的。

大藏省在 1964 年对山一证券实施检查，已经掌握了其经营状况，然而却要求各大报社不要报道相关消息。但是 1965年 5 月，没有参加报道协定的地方报纸对山一证券的经营危机做了独家报道。次日，投资者纷纷到山一证券各支店要求解约退款，引发了挤兑恐慌。

山一证券资金周转陷入危机的 5 月 28 日夜里，日本兴业银行、富士银行和三菱银行行长与日本银行副总裁以及大藏省干部在日本银行冰川宿舍召开秘密会议商讨对策。冰川宿舍是日本银行专门用来商谈机密事项的场所。

大家一致认为，"如果山一证券现在倒闭，将引发股价全面暴跌，会演变成真正的金融危机。为了阻止这种状况的发生，必须依靠日本银行特别融资来稳定人心。"所谓日本银行特别融资是指，依照旧日本银行法第 25 条规定，为了维持金融体系的信用，日本银行对陷入资金不足的金融机构提供资金支援。

但是当时还没有根据该条款进行贷款的前例，所以围绕以何种条件、何种规模提供贷款，以及如果贷款不能收回时该如何应对等问题，与会者们争执不休。

此时，晚一步来到会场的田中角荣大藏大臣做出决断，决定"实施无担保、无上限贷款"。就这样，不仅是针对山一证券，而是以全体证券行业为对象，实施无上限日本银行特别贷款的决定在瞬间做出。

5 月 28 日深夜，田中角荣大藏大臣和日本银行总裁宇佐美洵召开记者会，在会上承诺，"日本银行将无担保、无上限地为证券行业提供其所需资金。"挤兑风波就此平息。山一证券公司在濒临破产的危急关头获救，其后又借助证券市场的恢复，于 4 年之后的 1969 年偿还了来自日银特融的所有贷款。

这件事成为展现田中角荣迅速而强势的领导才能的轶事，广为流传。

我对这个措施本身没有异议。但是，对于日银特融的实施是否如日本经济史所普遍认为地那样重要，我存有疑问。

由于特融的救助，经营不善的证券公司没有在市场竞争中遭到淘汰。证券行业特有的销售方式虽然可能使顾客蒙受损失，却还是没有被废除。山一证券公司虽然获救，但终究还是在 1997 年因经营不善而倒闭。虽然日银特融将证券行业从迫在眉睫的危机中拯救了出来，但我认为这也使证券行业失去了脱胎换骨、涅槃重生的机会。

4 从美国看日本

白人在干体力活儿!

从 1965 年到 1970 年,历时 57 个月的连续经济形势上涨被称为"伊奘诺景气"。这一时期"3C"登场,也就是彩电、汽车和空调取代了过去的"三种神器"。它们象征着普通百姓生活水平的提高。我家也购买了一辆二手汽车。当时日本的汽车经常由于电池故障而无法启动。如果在停车场被大雪围住,就只能采用手动的方式启动引擎了。

1967 年,我被大藏省外派到建设省工作。当时建设省的办公大楼刚刚建成,安装了空调。这可是政府部门里第一栋全楼配备空调的办公大楼。建设省配有宽敞的停车场,我这个时期开车上下班。现在可能不允许一般职员开车上下班了吧!行驶在大街上的车辆越来越多,常常挤得有轨电车无法正常行驶。也是从这时开始,有轨电车被慢慢取消。

1968 年 9 月，我获得福特财团的奖学金，决定赴美留学。当时去国外还是一件新鲜事儿。电影《寅次郎的故事》中，全镇的人们都一起为抽奖赢得去夏威夷旅行机会的寅次郎举办了欢送会。1964 年，断臂维纳斯被从法国运来日本，在东京上野的西洋博物馆举办展览。参观者们排成的长队几乎可以环绕上野山两周。人们大概以为去法国观展是不可能的事情，所以都赶来参观吧。横跨太平洋的往返路费相当于我当时半年的薪水，根本没有想过在留学期间回国。我怀着如同遣唐使远赴他乡般的心情飞过了太平洋。

同事们到羽田机场的老国际航站楼为我送别。前往美国的留学生们都带着胸部 X 光片，以证明自己未患结核病。办完出国手续通往登机口的走廊里，还设有玻璃窗，供人们与送行的亲友做最后的告别。

我搭乘的飞机是最早的喷气式客机之一的 DC-8 机型。飞过国际日期变更线之后，机长向所有乘客颁发了"通过证明书"。

在飞机途中降落夏威夷机场补充燃料时，我看见有白人在干活儿。虽然是再普通不过的光景，可是因为在日本从没见过白人做体力劳动，所以这场面给我留下了深刻印象。凭借富布赖特奖学金比我早几年到美国留学的作家小田实在其著作《什么都要看一看》（何でも見てやろう）中，也曾描述了跟我一样的感想。

我前往留学的是加利福尼亚大学洛杉矶分校（UCLA）。其实这里并不是我的第一志愿。从第一志愿学校落选的原因，与我的经历有关。

能否进入美国的大学攻读硕士或者博士学位，完全取决于指导教授的推荐信。但我是工学部出身，经济学全靠自学，所以无法找到经济学专业的教授为我写推荐信。为此颇费了一些功夫。在上下等级分明的纵向社会进行横向移动，虽然可以逃脱束缚获得自由，但遇到这种情况时却很头疼。

让人眼花缭乱的富裕美国

大藏省的朋友在日本驻洛杉矶领事馆任副领事，他开车将我从机场送到了大学。汽车下了高速之后，在加利福尼亚灿烂的阳光下，到处都是令人眼花缭乱的富足景象。

日本当时虽然已经步入中等发达国家行列，但与美国相比，经济实力还相差甚远。而且 UCLA 校园所在的洛杉矶西木区在美国也是尤为富裕的地区。大学后面就是比比佛利山庄还要高级的贝莱尔豪华住宅区。

我因为没有办理入住学生宿舍的手续，需要在市内寻找公寓。但是，最便宜的住处每月也要 100 美元租金。当时的汇率是 1 美元兑换 360 日元，100 美元也就是 36 000 日元。而当时我的工资每月大约 2 万日元，所以对住宿条件的要求就是"没有热水也没关系，只要再便宜点就行"，但终究还是没能找到。

洛杉矶没有电车，没有汽车几乎寸步难行。我又是一个没钱买车的穷学生，所以自己哪里都去不成。不过美国的研究生院学习任务也很繁重，每天都忙于在教室、图书馆和公寓之间往返，偶尔去买买东西就算是唯一的放松。所以我即便有车，大概也没有时间去游玩。

街上的电影院里有披头士的电影《黄色潜水艇》(*Yellow Submarine*) 的首映，电影院周围人山人海。还记得当时我看见这样的光景，曾经在心里暗想，"这里随处可以看到美国的景象，真是方便。"自动售货机、葡萄柚、奶酪蛋糕等，我都是在美国才第一次看到。

我选了雅各布·马尔萨克 (Jacob Marschak) 教授的课，还有幸获得在课堂之外接受他单独指导的机会。马尔萨克教授是十月革命以前出生于俄国的犹太人，是计量经济学和数理经济学领域的开拓者。我后来有幸与同为犹太人的社会学家丹尼尔·贝尔 (Daniel Bell) 教授聊天，得知马尔萨克教授曾于十月革命之后在格鲁吉亚的孟什维克政权中担任副总理，为此吃了一惊。马尔萨克教授曾经多次提及十月革命，我却从不知道他还当过副总理。

通过一年的学习，我获得了经济学硕士学位，还得了"同学会最优秀学生奖"。颁奖仪式要求穿礼服、系领结，会场位于离大学很远的酒店。我不得不穿着借来的行头乘坐公共汽车前往，一路上被乘客们好奇地看着。

微观经济学的杰克·赫舒拉发 (Jack Hirshleifer) 教授强烈建议我继续攻读博士学位。不用说，马尔萨克教授也是同样意见。我解释说，政府机构的公派留学生无权擅自决定，我会争取一年后再来美国，不过那时希望能进入东海岸的大学。马尔萨克教授看上去有些难过，但还是同意暑假期间在研究室给我指导，并许诺帮我写推荐信（大学的期末考试安排在 6 月份，不过我可以在 9 月份回日本之前继续留在学校）。

暑假里，任副领事的朋友驾车带我出游，目的地是位于旧金山以南约两小时车程的疗养地卡梅尔海滩（Carmel-by-the-Sea）。那是一个由艺术家们建造的，如梦幻般优美的小镇。当时几乎见不到日本游客的身影。

那之前不久，比我晚一年进入大藏省，后来成为公正交易委员会委员长的竹岛一彦结束了在位于东部巴尔的摩的约翰霍普金斯大学的留学，归国途中到洛杉矶与我们见面。

我们三人驾车出行，由我开车。途中我打算给汽车加油，可是由于平日里学的都是经济学方面的术语，在加上平时也没车可开，我竟然不知道"加油"用英语怎么说。我想当然地把日语的"加满油箱"直译为"full tank"，引得他们两人大笑，因为正确的说法应该是"fill up"。

邻近洛杉矶的圣莫尼卡市有一家著名的智库机构叫作兰德公司，主要采用数理方法对军事和经济问题进行系统分析。肯尼迪政权的国防部长罗伯特·麦克纳马拉（Robert Strange McNamara）曾经引进这种方法来制定新的预算编制方式，并大获好评。当时我也对兰德智库很感兴趣。我在兰德听了研究者们的发言，回日本后写作了《智库》一书。很久之后，有幸在某个大型会议上见到麦克纳马拉，我终于有机会直接向他表达了敬意。

回日本工作一年后求学耶鲁

1969 年 9 月，我返回日本，之后在建设省工作了一年。我所在的部门负责编制建设省每年发行的《建设白皮书》。当时，环境问题已经在美国引发广泛关注，因此我也提出来讨论，应该是日本首次在政府发行的刊物中关注城市环境问题。之后，日本对城市环境问题的关心迅速高涨起来（1967 年公布的《公害基本对策法》，主要是为了解决水俣病和四日市哮喘等问题。国会首次正式讨论水污染及空气污染等城市公害问题是在 1970 年 11 月的"公害国会"）。

此外，我还申请了设立系统分析调查室的预算，虽然没有获得批准，但第二年，各政府部门里的"系统分析调查室"如同雨后春笋般纷纷诞生。

归国工作了一年之后，我前往位于东海岸纽黑文的耶鲁大学深造。这一次我有了马尔萨克教授的推荐信，凭借它可以走进世界任何大学的门。此次赴美，我带上了刚满 3 个月的长子。我们乘坐刚投入飞行的波音 747 客机，从旧金山飞往纽约。波音 747 机舱顶部之高给我留下了深刻印象。

到达纽约之后，最使我吃惊的是，与西海岸相比，东海岸的城市又脏又旧。以至于刚刚抵达，我就开始认真地考虑是否要收拾行囊，拔腿走人。

1972 年夏天，我获得了经济学博士学位。虽然在加利福尼亚大学洛杉矶分校选修的课程也得以计入学分，但仅用两年时间取得博士学位的计划实在是有些鲁莽。可是既然政府只肯给我这些时间，也就只能拼命狠学了。

要获得撰写论文的资格，必须先通过理解能力测试（Comprehensive Examination），这项考试共有六门课程，一般来说需要两年的时间。可我一共只有两年时间。所以我在暑假前先考过三门课程，暑假期间拼命学习，暑假后再考过剩下的三门。然后，从秋天开始着手撰写论文，紧张程度不亚于表演空中走钢丝。

比尔·克林顿与希拉里·克林顿夫妇也是耶鲁大学毕业，而且与我在这里学习时期还有重叠。说不定我曾经在校园的某处与他们擦肩而过。当然，那时并不认识他们。

我的博士论文的指导教师是马尔萨克教授的学生赫伯特·斯卡夫（Herbert E. Scarf）教授。他专攻博弈理论，也是一位禀赋超常的人。有一次我向他汇报论文的写作进度，把一个公式写在黑板上之后又擦掉了，后来需要再用到它时，却无论如何想不起来了。看到我的窘态，斯卡夫教授起身随笔就把那个长长的公式在黑板上默写出来。

越南战争与嬉皮士的时代

我赴美留学正值冷战时期，美国的大学校园里随处可见防核避难所。高速公路的服务区里也写有"如果突然见到强光，务必立即就地隐蔽"的提示。

　　这一时期也是美国深陷越战泥潭的时代。征兵对象扩大到大学生，之后又扩大到了研究生。学生们都很担心自己不知何时会被征兵入伍（外国留学生也是征兵对象）。

　　但是，放眼校园之外，却丝毫看不出这是一个正在进行着战争的国家。当时美国正在筹备人类登月的阿波罗计划。

　　1969 年 7 月，阿波罗 11 号成功在月球着陆时，我即将要结束第一次留学生涯。当天我受邀参加了马尔萨克教授举办的家庭晚餐聚会，与其他参加者一起在电视机前见证了人类登陆月球的时刻。

　　我看见从宇宙飞船里走出来的阿姆斯特朗船长说了一句话。因为没听清就问了问旁边的人，于是他告诉了我这句世纪名言，"这是一个人的一小步，却是人类的一大步。"

　　20 世纪 60 年代末到 70 年代初，也是嬉皮士的时代。嬉皮士 ① 是在美国西海岸诞生，后来传播到世界各地的年轻人的文化。披头士乐队以及海滩男孩均受到过它的影响。当时的美国学生当然也全都沉醉在嬉皮士文化当中。我也曾经蓄着胡子，光脚走在大街上。当然这也是因为校园以及附近的道路全都清扫得干干净净才能办到的。

　　只是光脚走路，就能使人们产生强烈的连带意识。一次我

_____

① 嬉皮士（英语：hippie, hippy）主要指西方国家 20 世纪 60 年代和 70 年代反抗习俗和当时政治的年轻人。嬉皮士用公社式的和流浪的生活方式来表达他们对民族主义和越南战争的反对。在穿着打扮上，他们喜好留长发、大胡子，以及色彩鲜艳的衣着或是独树一帜的服饰。

光着脚走路，对面也走来一个光脚的女孩。如果是平时，两人可能只是擦肩而过，而那时我们却把彼此当成伙伴，自然而然地打起招呼。

嬉皮士运动与学生们担心被征兵的危机感有密切联系。这在摇滚音乐剧《毛发》中有充分表现。

当时的美国总统是理查德·尼克松。他于 1969 年当选，又于 1972 年连任。第二次竞选中，他击败了竞争对手民主党的乔治·麦戈文，大获全胜。

那时候深受嬉皮士文化影响的年轻人虽然比较倾向于民主党，但对激进派乔治·麦戈文并不满意，于是发起了"选甘道夫当总统"的运动。甘道夫是英国作家 J. R. R. 托尔金的奇幻史诗小说《魔戒》中的巫师。《魔戒》是 60 年代美国的畅销小说，在书店里堆成小山，它的畅销也反映了当时年轻人逃避现实的愿望。

我在美国期间，从一开始就决定，留学结束后返回日本。所以，也可以说我是透过了一层滤镜来观察美国社会的。

当时日本在富裕度上与美国有着天壤之别。有一次，我在纽约的肯尼迪机场偶然看见停降在那里的日本航空公司的飞机，禁不住感慨："日本的飞机也终于可以飞到这里了。"

为何日本与美国会有如此巨大的差别，我那时很难理解。日本人都在拼命地努力工作，能力也不输给美国人，可是为什么会落后美国那么多？

在加利福尼亚越过国境进入墨西哥时，我也曾经感到同样的疑惑。经由圣地亚哥进入墨西哥境内，立刻就会看到城市和住民都极为贫穷的景象。两国近在咫尺却差距千里。

一个国家的富裕程度到底由什么决定？这个问题，我至今没有找到明确的答案。

遥远的日本

当时日本与美国之间的信息交流很不通畅。在美国几乎无法获得日本的消息。虽然也请人把日本的报纸寄到美国，可由于是船运每次送来一批，报纸的顺序总是前后颠倒。有时还没弄清事情的来龙去脉，就突然读到重大事件的报道，让人不明就里。

有一次我在电视的新闻节目中看到，日本警察对东京大学的安田讲堂喷射高压水枪，大吃一惊。原来这是全共斗 ① 的学生们占领了安田讲堂，警视厅前来驱赶学生的场面。其实这时已经到了骚乱的最后阶段，可是由于美国完全没有报道过之前的经过，害得我一头雾水，摸不清来由。

1971 年发生尼克松冲击，引发日本股价暴跌，美国的报纸登载了东京证券交易所的照片。还记得当时是夏天，我看见照片里的交易员们全都穿着同样款式的白衬衣，曾经对"大家都穿一样的衣服"深感不解。

---

① 全共斗，全名为全学共斗会议，是 1968 年至 1969 年间领导日本学生运动的大学间的联合组织。

1970 年前后的日本，发生了许多事件。例如三岛由纪夫为了号召日本自卫队兵变而剖腹自杀的事件，浅间山庄事件（联合赤军挟持人质躲在轻井泽的疗养设施浅间山庄的事件）等。不过当时日本社会对于这些事件有何评价与看法，我几乎都不知道。

虽然可以用电话联系，但国际电话费十分昂贵，几乎想都不敢想。妻子因为生孩子返回日本，我也是通过电报才得知长女出生的消息。现在我还记得电报的内容，"A girl born, both fine（生下女孩，母女平安）。"与现在便捷的电子邮件相比，那时的信息交流环境简直令人难以想象。

第 3 章

企业大家庭战胜了石油危机

1971 年—1979 年

1　尼克松冲击与浮动汇率制

日本和德国经济实力增强

　　20世纪70年代初，国际金融体系出现了重大变化。1971年发生尼克松冲击之后，各国开始由固定汇率制转为实行浮动汇率制。

　　第二次世界大战以后的国际金融体系采用固定汇率制。即以美元为核心，各国货币按照固定汇率与美元进行兑换。美元与黄金挂钩，法定兑换率为1盎司黄金兑换35美元，各国货币与美元的汇率变动幅度不得超过1%。为了维持汇率稳定，还成立了国际货币基金组织（IMF），向各国提供干预汇率时所需要的资金。

　　这个金融体系是1944年7月在美国新罕布什尔州布雷顿森林召开的联合国44个成员国会议决定的，因此又被称为布雷顿森林体系。日本于1952年加入国际货币基金组织，成为布雷顿森林体系成员。当时规定的美元兑日元的汇率为 1 美元兑换 360 日元。

然而随着时代的发展，布雷顿森林体系开始呈现出诸多问题。美国在冷战中增强了军事实力，20 世纪 60 年代又由于越南战争的庞大军费支出导致财政恶化。此外，美国与日本及德国之间的经济发展形势出现了显著差距，国际收支陷入赤字。从 50 年代到 70 年代期间，美元大量流向海外。第二次世界大战结束时，美国黄金储备曾在世界占有绝对优势，但在这 20 年期间大幅减少。由此导致美元发行量远远超出其黄金储备，美国无法继续保证美元与黄金的兑换。

与此同时，从 1949 年到 1958 年联邦德国实现了被称为奇迹的高速经济增长。在 1950 年到 1960 年的 10 年期间，联邦德国的工业生产增长了两倍。同一时期，日本也实现了高速经济增长，在经济规模上仅次于联邦德国，获得了世界第三的地位。

由于美国国际收支持续出现赤字，美元开始难以维持与日元和德国马克之间的固定汇率。进口国向出口国支付货款，出口国则将收到的货款兑换为本国货币。因此在外汇市场，对贸易顺差国家（准确地说，是包含服务收支及所得收支在内的经常收支出现盈余的国家）的货币有更多购买需求，而贸易赤字国的货币会被大量卖出。

在固定汇率制下，为了减少来自市场的影响，中央银行会对外汇市场进行干预。用抛出购买需求多的货币，买进被大量出售的货币的方式来维持汇率稳定。但是这种操作也有限度。

1951 年以后，联邦德国的国际收支一直保持盈余，外汇市场抛售美元购买马克的压力越来越大，美德两国都渐渐无力继续干预汇率。

1961 年 3 月，两国修改了之前 1 美元兑换 4 马克的固定汇率，将德国马克升值 5%。然而之后，日本和联邦德国仍然继续处于贸易盈余状态，美国的赤字也毫无改善。

因此，市场预测日元和德国马克将会再次升值。受这种想法的影响，从 1969 年开始，投机资金纷纷购入日元和马克。1970 年秋，德国马克对美元升值 9% 以上。

另一方面，英国却在慢性经济萧条的"英国病"中苦苦挣扎。因为国际收支持续出现赤字，1967 年英镑对美元贬值 14%。

可见，美英两大战胜国的经济地位不断降低，而战败国日本和联邦德国的经济地位不断提高。这也意味着，与英美的盎格鲁－撒克逊模式相比，日本和德国的非盎格鲁－撒克逊模式获得了优势。

在如何对待市场的问题上，英国、美国与日本和德国的经济体制具有明显差异。盎格鲁－撒克逊模式属于自由主义经济，主张最大限度地尊重市场的调节作用，将政府的干预限定在最小范围。

与此相对，日本和联邦德国的经济体制虽然以市场原理为基础，却不完全依赖市场。日本和德国或者要求大企业承担公共责任，或者强调企业内部的劳资协作，赞同政府对市场加以严格限制，是具有统制倾向的经济。我认为是两种经济体制的差异，带来了英美经济的衰落和日德经济的崛起。

如同本书第 2 章第 3 节提到的，由于当时发达国家的经济都以重工业为中心，由大企业主导的垂直一体化[①]生产管理方式效率更高。对这种生产方式来说，相比于完全依赖市场的英美模式，日本和德国所采用的市场和统制相辅相成的混合型经济体制更利于其发挥活力。所以日本和德国因此成为贸易盈余国家，而拥有关键货币的美国却沦为贸易赤字国。

马克对美元汇率实施两次升值之后，美国还是没能摆脱赤字状态，黄金储备也由于资本外流而不断减少。美国终于再也无力保证美元与黄金的兑换了。

爆发尼克松冲击

在这种情况下，1971 年 8 月 15 日，美国总统理查德·尼克松宣布停止美元与黄金的兑换。这项决定极为突然，事前甚至连美国议会也不知情，因此对包括日本在内的全世界带来相当大的冲击。这就是"尼克松冲击"。

实际上，在这决定公布之前，美元与黄金的兑换已经处于停止状态。所以，尼克松冲击本身并未对经济活动带来直接影响。但尼克松冲击之后美元与其他货币的汇率变化，特别是日

---

① 垂直一体化生产方式是指，企业或是企业集团公司在内部完成或掌握从生产、销售到售后服务的全部过程的生产方式。

元与马克的升值对经济领域带来了巨大影响。

美元停止兑换黄金宣告了布雷顿森林体系作为第二次世界大战后国际金融体系的结束，在这个意义上它非常重要。也就是说，这象征了由美国在强大的军事实力之下，维持固定汇率，推进自由贸易的体系的瓦解。在这一点上，尼克松冲击确实是一件重大事件。

既然以美元为中心，以固定汇率制度为特征的国际货币体系无法再维持了，接下来的问题就是，应该建立怎样的新体系来代替它。具体来讲，就是如何调整德国马克和日元强过美元和英镑这个现实问题。

向浮动汇率制的转变

尼克松冲击之后，国际货币制度开始由固定汇率制转向浮动汇率制。但是这个转换并非一帆风顺，过程也颇为复杂。其中还经过了一个被称为"史密森体系"的过渡阶段。

1971 年 12 月，在美国首都华盛顿的史密森博物馆召开了一场国际会议。会议达成了"史密森协定"。

该协定规定，停止美元兑换黄金，但维持美元作为国际基础货币的固定汇率制，各国货币兑换美元的汇率波动幅度扩大到上下各 2.25%。

当时美元对其他国家货币的价格已经平均贬值了 7.89%。而日元已经实行了 16.88% 的升值，由 1 美元兑换 360 日元变为 1 美元兑换 308 日元。德国马克也升值 13.58%，变为 1 美元兑换 3.22 马克。

但是这以后，日本和德国的经常收支盈余及美国的持续赤字状态还是没有得到改变。外汇市场仍然风雨飘摇。

到了 1972 年，投机资金根据德国的经常收支盈余预测德国马克升值，纷纷争相购买马克，导致德意志联邦银行无法继续购买美元以维持固定汇率。

当时我正在耶鲁大学留学，还记得在国际经济学的课堂上，曾有人大叫"Mark is floating（马克汇率正在变动）"。这正是由固定汇率制转向浮动汇率制的国际金融大转换的开始。

市场资金开始以各国货币当局无法控制的趋势流动。1973年 2 月，日本采用浮动汇率制。3 月，欧共体各国也开始采用浮动汇率制。

至此，史密森体系轰然倒塌。1976 年 1 月，国际货币基金组织临时委员会正式承认了浮动汇率制。

如图 3-1 所示，布雷顿森林体系崩溃以后，日元对美元的汇率持续攀升。虽然在"史密森协定"规定 1 美元兑换 308 日元之后，汇率在短期内得到维持，但 1976 年正式实行浮动汇率制以后，日元迅速升值至 1 美元兑换 220～250 日元。这个汇率持续了一段时期，进入 80 年代以后，日元又开始了新一轮升值。

也就是说，日元变得日益强大起来。但是向浮动汇率制的转换也使日本政府和国民深感不安，担心日元升值会引起出口

图 3-1　20 世纪 70 年代以后美元对日元的汇率变化
　　　　（1 美元兑换日元）

名义汇率

资料来源：日本银行

减少，使日本经济遭受打击。

　　实际上这种担心并未成真，尽管日元持续升值，日本经济仍然一路高歌持续增长。而且进入 80 年代之后，日本对外贸易盈余增加，股价上涨，日元升值反而使日本经济变得更加强大了。

2 爆发了石油危机

在日本受到文化冲击

1972 年夏天，我结束了第二次留学回到大藏省。这次被分配到证券局业务科，作为科长助理负责监督证券公司。业务科长对我说，"日本也终于开始'市价发行增资'① 了。"

在战后的日本，通过发行股票筹集资金时，通常按照股票票面价格发行，也就是"票面价格发行增资"方式。但是 1968 年日本乐器公司（即现在的雅马哈公司）首次获准进行"市价发行增资"，以后市价发行增资逐渐成为增资的主要方式。

在 1940 年体制下，日本企业只能通过间接金融向银行贷款筹集资金，现在终于又可以与战争之前一样，通过发行股票和公司债券从市场获得资金，直接金融的大门再次打开。也就

---

① 市价发行增资指，按当时市场价格增发股票，一般会高于票面价格。对优良企业来说，市价发行增资能够通过增发少量股份来获得更多的资金。

是说，日本也开始出现遵循英美式市场机制的金融。所以听到科长的介绍，我不禁感叹"日本终于也迎来了这一天"。

但是，市价发行增资作为企业融资方式也并非一帆风顺。20 世纪 80 年代后半期的泡沫经济时期，股价高涨，市价发行也急剧增加。但泡沫经济崩溃之后，股市低迷，市价发行增资的方式事实上也不再实行了。

在证券局业务科，我主要负责野村证券、山一证券、日兴证券和大和证券这四大证券公司以及外国证券公司。

大藏省的英语名"Ministry of Finance"，简称 MOF，因而各金融机构中专门负责与大藏省业务往来的职位被称为"MOF 担当"。虽然当时还没有"MOF 担当"这个词，不过对各证券公司来说，我就是与他们的"MOF 担当"打交道的人。

之所以让我负责四大证券公司，是因为这四大公司在经营上没有太大问题。我想大概是出于"即使一窍不通的外行，也能胜任"的判断吧。

当时这几家公司负责与我打交道的人，有野村证券的铃木政志先生和山一证券的横田良男先生，他们后来都当上了社长。铃木先生能说会道、活泼有趣。相比之下，横田先生则老成持重，很有大人物的沉稳风范。每当横田先生坐在我办公桌前，我总有学生面对校长的感觉。

那时，山一证券已经偿还了来自日银特融的全部贷款，经营也很顺利。不过 25 年之后，它依然还是没有逃脱破产的命运。第 5 章第 1 节还会介绍这件事，山一证券破产的原因其实在于"营业特金"。所谓营业特金，是指以保证顾客收益为前提，要求顾客将股票交易完全委托给证券公司，这种机制成了山一证券的催命符。后来听说营业特金机制是横田先生最先开始实行的，很难相信就是我认识的那位横田先生。即便现在我也不愿相信。

当时大藏省也会以行政指导为名，对于证券公司的经营细节横加干涉。有些事情我现在想来其实觉得很羞愧。例如让证券公司提交高层管理者的工资表，批评人家工资太高等。我也曾经在护送船队式行政中扮演过这样的角色。在证券公司的人看来，应该会想"这个毛头小子知道什么"吧。确实，我虽然拥有经济理论方面的博士学位，可对于证券公司的实际业务还真是一窍不通。

一些日本公司有"拍手庆功"的习惯。也就是在一些重要工作完成时，由领导者牵头，大家一起有节奏地吆喝拍手，庆贺工作的圆满完成。证券公司经常会举行这种仪式，我却无论如何都无法适应。

当初从日本去到美国并没感到丝毫的文化冲击，可回到日本却遇了这个问题。不只是与证券公司相关的工作，在生活中也时常会面对文化冲击。

为此，我从图书馆借来了专业杂志《美国经济评论》（*American Economic Review*），在办公桌上堆起高高的一摞。MOF 担当们肯定会想"从哪儿钻出这么一个怪物"吧。

当时证券局职员接受证券公司的招待是非常普遍的事，甚至有人"直接从饭店赶来上班"。我一次也没有接受过他们的招待，大概是《美国经济评论》之墙奏效了吧。

一年后，我从证券局调到主计局调查科。调走之前，我去美国出了一次差。主要是考察我负责的几个证券公司（美国称之为投资银行）。

我在日本负责的外资证券公司中有第一波士顿投资银行（当时美国第一的投资银行，现在的瑞士信贷集团），可能是我跟他们的负责人比较谈得来，这家银行在纽约总公司大楼的最高层邀请我共进晚宴。这是我唯一一次接受招待。他们将我介绍为"大藏省的美国部长"，虽然心里暗想"大藏省哪有这个科室"，但我也没有特意解释。

调任主计局

1973 年我被调往主计局，当时的主计局次长是长冈实先生，后来他成为大藏次官。

长冈次长认为"日本也需要制定财政计划"，于是我们便开始以联邦德国的中期财政计划为蓝本，为制定日本的财政中期预测进行基础调查。这是一项非常有意义的工作。

制定中期财政计划，主要是因为进入 20 世纪 70 年代以后，日本迅速完善了社会保障制度。特别是 1972 年 7 月当选自民党总裁的田中角荣首相宣布当年为"社会保障元年"，并在 1973 年的预算中导入了老年医疗免费、随物价变动调整退休金等制度。

另一方面，当时日本人口即将走向高龄化的趋势也已经显现出来。这必将使社会保障费用在不久的将来急剧增加。但是对于社会保障费的长期预测却仍是一片空白。

日本的预算奉行"年度主义"，通常只做一年的预测。这一机制缺乏长期的展望。长冈次长认为"这样的话将来一定会出问题"，对此我也深有同感。

我们那时还考虑另一个问题，就是通过制定中期财政计划，推进采用数学方法控制预算。

前文提到，我在加利福尼亚大学留学时，曾经对系统分析很感兴趣，特意去过兰德公司。所以我这时考虑的是，日本能否也像美国一样，导入定量的科学预算管理方法来制定政府预算。长冈次长和我分别从不同角度意识到了这个问题。

恰逢此时，日本经济新闻社开始提供一项名为"日本经济NEEDS"的新服务，用户可以利用分时系统（time-sharing），在经由电话线连接的终端使用大型计算机。分时系统就是计算机处理多个用户发送出的指令时，将其运行时间分为多个时间段，分别分配给不同用户。虽然这项服务收费很高，但长冈次长还是毫不迟疑地批准了我的申请。我准备利用它来实现预算编制工作的机械化。但是，这之后不久就爆发了石油危机。我们不得不全力以赴对付危机，再也无暇顾及预算编制作业流程的问题，实在很遗憾。

对于公务员的工作，可能大多数人的印象是摆个花架子打

发时间。可是主计局却与此相反，总是忙得不可开交。例如被
局长叫到办公室说需要某个资料。说完刚回到自己的办公室，
局长就已经打来电话追问，"资料做好了吗？"。或者晚上 10
点接到指示，说需要制作一份资料，有时还会被叮嘱"不着
急，今天之内做完就行"。

提到主计局的局级会议，一般人想象的情景可能是，"大
藏省注重形式，所以大概是局长端坐中央，次长、科长等几十
人围坐一圈，相当庄严正式的会议。"但实际上，往往是主管
次长和负责预算的主查一共两三个人开会。总之非常忙碌，以
效率为第一，并没时间拘泥于形式。这一点上，我最初参加工
作时所在的理财局也是一样。制定财政投融资计划的工作与预
算的编制工作其实是一样的。

石油危机引发日本大乱

正当我们摩拳擦掌准备在中期财政计划和预算编制工作流
程化中大展拳脚时，石油危机却将我们的计划全盘打乱了。

造成石油危机的直接原因，是 1973 年 10 月爆发的第四次
中东战争。阿拉伯产油国将原油作为斗争手段，宣布对支持以
色列的国家实行石油禁运，并提高原油价格。

战争开始 10 天后的 10 月 16 日，石油输出国组织（OPEC）
成员国沙特阿拉伯、科威特等波斯湾沿岸六国宣布，将原油价
格从原来的每桶 3.01 美元上调到 5.12 美元，涨幅高达 70%。

接下来，阿拉伯石油输出国组织（OAPEC）成员国宣布，在以色列从占领地区撤兵之前，禁止向以美国为首的支持以色列的国家出口石油。同年 12 月，阿拉伯产油国再次将原油价格上调到每桶 11.65 美元。

原油价格暴涨使全世界陷入一片混乱。为了节约用电，政府大楼减少照明，变得灰暗朦胧，电梯也停止了使用。杂志减少了页数，电视台也主动取消了深夜播放的娱乐节目。当时的状况与 2011 年东日本大地震后的节约用电颇为相似，不过时间持续得更长。

整个日本的气氛也骤然改变，以前的乐观主义不知去了

图 3-2　石油价格的变化

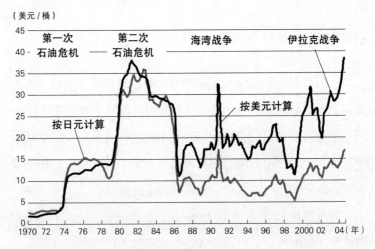

资料来源："日本经济 2004：持续增长的可能和风险"，2004 年 12 月，内阁府政策统括官室（经济财政分析担当）。

哪里，社会笼罩在鼓吹世界末日的悲观论调里。1973 年的畅销书是小松左京的《日本沉没》和五岛勉的《诺查丹玛斯大预言》。许多人切身体会到了"日本即将沉没"的恐慌。

石油危机之前，在日本经济持续高速发展的好日子里，曾经流行"衰竭 GNP"的说法。这个词来自朝日新闻一个连载的标题，旨在反思经济大国的一些失衡现象面。20 世纪 70 年代初，日本的公害问题成为社会问题，经济增长至上主义受到批判，社会对大企业也日趋严厉。

然而，随着石油危机的到来，人们对经济至上主义的批判立刻消失了踪影。日本人的观念发生了急剧转折，人们转而认为只有经济和生产才是日本的命脉。而如果经济下滑，日本也会随之沉没。

原油价格涨为之前的 4 倍，汽油、煤油的价格当然也会上涨。而且电力、食品等各种产品或服务的价格也直线上涨，其中也包括趁火打劫顺势涨价的情况。图 3-3 显示了当时的物价上涨情形。厕纸、洗衣粉等日常生活用品被囤积起来，变得一物难求。人们开始批评综合贸易公司囤积货品、哄抬物价。

1974 年，日本居民消费物价指数比前年上涨高达 23%，当时的大藏大臣福田赳夫将之形容为"狂乱物价"。

向总需求抑制政策的急转弯

1974 年的年度预算根据当时首相田中角荣的一贯主张制

图 3-3 20 世纪 70 年代居民消费物价指数变化

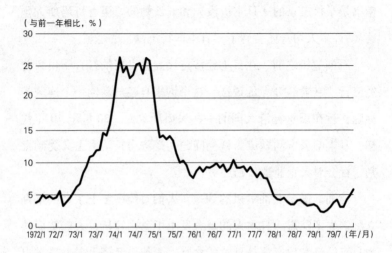

注：本图数据为全国除居民自有房屋的虚拟租金之外的综合物价指数。
资料来源：总理府，居民消费物价指数。

定，以"社会保障元年""日本列岛改造论""所得税大减税"
为基础，编入了巨额的社会保障费用和公共事业费用，再加上
降低所得税税率，因此最初制定的是极为大胆的扩张型财政
计划。

日本列岛改造论是田中角荣地方开发政策的基本观点。
1972 年 6 月，正在备战自民党总裁选举的田中角荣出版《日
本列岛改造论》一书，提出"用高速公路及新干线铁路等高速
交通网络将日本全国连接起来，推进地方工业化发展，同时解
决大城市人口过密与乡村人口过疏的问题"。

然而，1972 年 7 月田中在自民党总裁选举中获胜当选首

相之后，他作为开发候选地提到的地区立刻掀起土地购买热潮，地价出现急剧上涨。物价也受到影响，产生了年上涨率超过 10% 的通货膨胀。

为此，1973 年 4 月，日本央行宣布提高基准利率。基准利率是日本银行向民间银行提供贷款时的利率。现在民间银行的存贷款利率都由市场决定，但当时法律规定民间银行的利率必须与基准利率连动。因此，日本银行可以通过操纵基准利率来影响市场。提高基准利率是对付通货膨胀的有力政策。

到了 10 月，石油危机导致的原油价格暴涨进一步加剧了通货膨胀。对此，首先通过提高基准利率实行紧缩金融。1973 年期间，基准利率连续上调了 5 次，于 12 月 22 日达到 9% 的前所未有的最高水平。（图 3-4）

财政政策方面也出现了 180 度的大转弯。1973 年 11 月，大藏大臣爱知揆一突然去世，田中首相启用自民党总裁选举中的对手福田赳夫担任大藏大臣。福田大藏大臣提出通过紧缩财政来抑制通货膨胀，于是 1974 年年度预算急转弯，走上抑制总需求的路线。

公共事业的相关费用被大幅压缩，日本列岛改造论也被置之高阁。不过在社会保障的预算方面，由于刚刚扩大了以退休金制度为核心的制度体系，所以没能缩减。降低所得税政策也在田中首相的强烈要求下未被取消。

图 3-4 20 世纪 70 年代的金融政策
（基准贴现率及基准贷款利率）

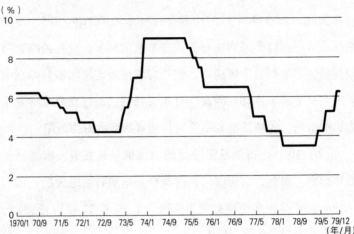

资料来源：日本银行。

每月加班 300 小时

如前所述，我原本负责推进中期财政计划的制定工作，但由于石油危机的发生，不得不为了国会答辩的准备工作忙得焦头烂额。

对于国会答辩，可能人们并不太了解。在国会质询环节，大臣们的发言内容一般是以相关部门的官员事先准备的草稿为基础的。例如在国会预算委员会上，如果有在野党议员提出申请，要求大臣答疑，文书科的工作人员就会提前到该议员的办公室，了解他准备提问的问题。然后他了解到的信息会被转到相关部门，由相关负责人撰写草稿。到了质询当天，大臣就会根据草稿的内容进行答疑。

大藏省并不是只要准备大藏大臣的答辩草稿就可以了。因为主计局编制的预算草案与所有政府部门紧密相关。所以大藏省还得事先检查其他部门准备的答辩草稿，发现有不利于大藏省的内容，就要提醒对方进行调整或修改。检查所有部门的答辩草稿，当然需要花费大量的时间和精力。

负责提前打探的人只有到了晚上以后才能从有关议员那里获悉他将在国会提问的内容。接下来，还要再把提问内容分派到有关部门，再由相关人员准备答辩草稿。这种工作不仅浪费时间，而且实在是愚蠢得要命。

例如有议员提问："对于当前的物价上涨，应该采取何种对策？"对这样的问题，应该怎样回答呢。我已经不记得当时是怎么写的，但无论如何总要写些什么。撰写答辩草稿的人自己都觉得，"就凭这些措施，怎么可能抑制通货膨胀，"可见这种工作是多么徒劳无功。而当时我却不得不为此通宵达旦地工作。

工作不只是准备答辩草稿。还有大臣在国会的委员会上答辩时，如果被追问到相关数据，就会回头看主计局局长。主计局局长会继续回头看我，而我回头只能看到墙。所以一同到委员会参加答辩的我必须作好万全准备，以便无论遇到什么问题，都要张口就说出答案。我为这项工作花费了很多时间。

那时我几乎没法回家。一个月的加班时间（是正常上班时间以外，额外加班的工作时间）竟然超过 300 小时。

当时孩子还小，我连看看他们都不容易。因为只有偶尔才会回家，好像孩子们都把我当作外人，以为"家里有时会有不认识的人来"。我走出家门时，还曾受到他们邀请："欢迎下次再来玩啊。"

走进大学：纵向社会中的又一次横向移动

1974 年，我被借调到文部省，在埼玉大学任副教授（当时我并未从大藏省辞职，而只是被派到国立大学。如果再有一纸调令，我还要再回到大藏省）。

我并不是厌倦了政府部门的工作。只是这份工作太占用时间了。我还有许多想做的事，所以希望能拥有时间去做自己想做的事。

长冈实主计局次长之前就认为"大藏省可以考虑与大学进行人员方面的交流"。所以他不仅理解我"想去大学"的想法，还鼓励我说，"这是件好事，你去吧。"

不过他又建议我说，"不要马上离开，再在这里干一年，作为主管体验一下审查预算的工作怎么样？做主管可以开阔视野，肯定会对以后的工作有帮助。"

我以没有时间为由谢绝了他的建议，所幸他很大度地表示了理解。

　　曾经负责把我录用到大藏省的高木文雄先生，这时担任主税局局长。他也对我的想法表示理解，说"没有意见，你去吧"。对此我一直非常感激。对于决定录用的负责人来说，自己选来的人为所欲为，可能会导致自己在大藏省遭到指责。一般公司或者政府机构的人事负责人一定会为了避免自己遇到责难而说，"不行，那怎么行。"但是高木局长却不是这种心胸狭窄的人。我深感自己碰上了体贴下属的好领导。

　　就这样，在日本这样一个等级森严的纵向社会里，我又一次做了横向移动。上一次是从大学工学系进到领域截然不同的大藏省，这一次又从政府部门换到了大学。

　　就像我当年曾经找不到合适的老师为我写留学推荐信一样，在纵向社会里横向移动，总会碰到各种麻烦。但同时，这也会带来好处。对我来说，横向移动的最大好处就是，摆脱了纵向社会里各种陈规的束缚，没有上下主从关系的约束。对于学者来说，"一日为师，终身为父"，必须一辈子遵从师命。虽然也有很多好老师，可万一碰上个不好的老师，一辈子都要受他摆布。我横向移动到学术领域，就无须担心类似"师父"的存在了。

　　此外，在主计局那种累死累活的工作环境中，我居然见缝插针地抽出时间，以在耶鲁大学完成的博士论文为基础，出版了《信息经济理论》一书（我现在都想象不出来，当时是怎样找到时间来完成写作的）。与之前两本一样，这本书也是由东洋经济新报社出版，而且还幸运地获得了 1974 年日本经济图书文化奖。不过遗憾的是，周围没有一个人理解这份奖的意义，也没有人对我道贺。这也算是在纵向社会进行横向移动的悲哀。不过这也没什么。

大型组织的信息特权

调到大学最先遇到的难题是，不再拥有处理信息的特权了。在主计局时可以随意使用的 NEEDS 分时系统，到了大学就不能再用了。大学里也有计算机中心，但递交计算申请后需要等待很长时间，而且计算结果还是用大量的纸张打印出来的。小山一样的计算结果堆满研究室，真是毫无办法。以前用 NEEDS 可以轻易获得的经济数据，现在却必须要一项一项地查阅《统计月报》。当时堆在我研究室的书，有一半都是统计月报之类的资料。

1974 年，美国惠普公司推出了世界第一台可编程计算器 HP65。它与以前的计算器的不同之处在于，能够存储计算程序。只要输入数据就能自动按程序计算结果。之前只有大型计算机才具有这种功能，凭借与计算器同样大小的体积，就能拥有这样的功能，可以说是一个划时代的进步。"可以使用自己专属的计算机了"，我对此大为兴奋。因为能马上知道计算结果，就可以轻松地对政策效果进行模拟分析。我甚至还略为本末倒置地想，"要配合 HP65 来设定研究课题。"

在 20 世纪 60 年代之前的大型计算机时代，个人的信息处理能力由其所在单位决定。身处类似大藏省一样的强大组织，就可以使用最前沿的信息处理系统。但是一旦脱离这个部门，就没有机会使用了（虽然耶鲁大学的斯卡夫教授也在研究室使用分时系统进行运算，但这只是例外）。

虽然所幸大学里有计算机中心，但计算机中心的配备还是有很大的校际差别，而且也不能随心所欲地使用。

信息处理能力完全由所处机构决定，大机构实力雄厚，而小机构或者个人力量就很单薄。我在纵向社会里进行了横向移动，才得以认识到这个严峻的事实。但是 HP65 的出现打破了这种状况，我就是因为这个原因而兴奋。

个人计算机的登场以及网络的普及进一步加速了这种改变。日本经济制度的根本问题就是没有顺应这个巨大变化。关于这一点，第 6 章第 3 节还会介绍。

石油危机后的世界

调到大学工作后，我去国外的机会也多了起来。20 世纪 70 年代，世界经济的最大问题就是石油危机。因此，我曾数次前往中东产油国进行调查。

记得有一次随某个调查团出访中东，我从空中俯视下面的沙漠，不禁感叹，"如此荒凉的地方埋藏着庞大的原油资源，老天爷真是太不公平了。日本人都在那么辛勤地工作。"

我还去了阿拉伯联合酋长国和卡塔尔等波斯湾沿岸产油

国。这些国家因为原油价格上涨而获得巨额的石油收入，漫无边际的沙漠正中突然会呈现出超现代化城市。茫茫沙漠中，宫殿一般的建筑高低排列，使人恍惚觉得那是海市蜃楼。

石油美元席卷世界的同时，英国呈现出与产油国截然相反的景象。即使在伦敦市中心的主要街道旁，也有许多闭门停业的写字楼，随处可见阿拉伯语的招牌。因为经济萧条，商业大楼纷纷转手，多被石油美元买下。

到了地方城市，可以看到大英帝国时代建造的豪华的政府大楼仍旧威严地耸立在市中心。可是街上行人稀少，只有尘埃飘舞。建筑物宏伟得令人惊叹，然而楼前的道路却堆满垃圾，真是一副不协调的景象。

这一时期英国经济处于最差的状态。经常贸易赤字持续不断，英镑疲软，再加上石油危机，英国受到了巨大打击。

其后不久，我与英国的经济学家进行合作研究，有一位研究者曾经叹息，"现在整个英国都是大英博物馆了。"他的意思是说"已经没有新价值，不过是个汇集了旧日古董的国家"。对当时的英国来说，这个形容确实是一针见血。

1976年4月，我客座担任经济企划厅系统分析室室长。1969年在建设省提出预算申请的7年之后，我终于可以实际进行系统分析了。不过系统分析室作为经济研究所的下属部门，对于预算编制的实际工作并没有发言权，只负责进行实证研究。我根据这个时期的工作成果与别人共合著的一本书，获得了每日新闻社经济学家奖。

20 世纪 70 年代的世界与日本

我调到大学工作的第二年，1975 年 4 月，南越首都西贡被北越军队攻破，越南战争由此画上句号（这一时期，有一次我在纽约机场乘坐出租车，司机告诉我说，他曾是南越军队的指挥官，也不知道是真是假）。那时美国已经退出越南战争。但是这场战争带来的伤痕却会让美国在以后的很长时间里疼痛不已。

1976 年 2 月，洛克希德事件曝光。美国航空公司洛克希德为了争取订单，在推销飞机时，曾向日本政治家实行巨额贿赂。同年 7 月，前首相田中角荣因该事件被逮捕，从此表面上退出了政治舞台。不过田中仍然对日本政坛拥有巨大影响，因此被称为"幕后将军"。

1979 年，以伊朗革命为导火线，发生了第二次石油危机。原油价格由 1978 年的每桶 12 美元迅速涨到 1980 年的 40 美元左右。与战后长期维持在每桶 2 美元的价格相比，竟然涨了近20 倍。

依靠廉价原油发展起来的发达国家，因为原油价格的暴涨，在经济上遭受了重大打击。

从 OECD 成员国的实际经济增长率来看，第一次石油危机前的 1963 年至 1973 年的 11 年间，平均实际经济增长率为 5%，而从第一次石油危机到第二次石油危机的 1974 年至 1979 年的5 年期间，实际经济增长率降低为 3.1%。失业率在第一次石油危机前为平均 3%，第一次石油危机之后则升至 4.9%。居民消费物价指数上涨率也从 4.5% 急剧增至 10%。

也就是说，石油危机之后出现了物价不断上涨，但经济增长率却不断下滑，失业率也不断升高的现象。

按照之前的经济学理论，通常认为"经济繁荣，增长率高时通货膨胀率也高，失业率则处于较低水平。而失业率高时，通货膨胀率一般较低"。这是以"菲利普斯曲线"的实证分析为基础的论点。但是石油危机却瓦解了这个基本认识。这种现象被叫作"停滞性通货膨胀"，意味着"经济停滞与通货膨胀共存的状态"。

石油危机使发达国家的经济形势纷纷恶化。而产油国却通过出口原油获得巨额资金，此后，石油美元开始在世界金融市场上发挥重要作用。

3   石油危机与浮动汇率制的意义

价格从固定时代进入变动时代

由固定汇率制向浮动汇率制的转变以及两次石油危机，在历史上具有何种意义？

一般来说，浮动汇率制的实施被看作"战后世界基本经济体系——布雷顿森林体系以及'美国统治下的和平'的终结"。

这种观点自然有其道理。不过我认为，从更为广阔的角度来看，更重要的是把这种变化看作"价格从固定时代走向了变化时代"。这里的价格是指，货币对商品以及货币对货币的交换比例。

对于美元这种货币来说，它与之前是固定价格的黄金，以及之前价格一直稳定的石油等商品的交换比例出现了大幅变动。接下来，不同货币之间的兑换比例，也就是汇率也开始大幅振荡。

在尼克松冲击和第一次石油危机之前，黄金和石油的价格事实上都是固定的。但尼克松冲击改变了美元与黄金的兑换比例，接下来经历了史密森协定的终止和石油危机之后，黄金和石油均变为浮动价格。

就外汇交换来说，在固定汇率制时代，各国也曾经由于经济发展差异导致汇率难以维持，而数次调整一些货币的价格。类似的价格调整越来越频繁，最后终于走向了价格可以连续变动的浮动汇率制。从这个角度考虑，从固定走向浮动也可以说是时代的必然。各国经济基础条件不同，汇率自然会上下波动（因此从这个意义上说，2002 年正式起步的欧元体系也存在类似的根本性问题，也就是将经济基础条件相异的国家统一到了一起）。

货币与商品之间也存在同样的趋势。尼克松冲击以前，黄金兑换美元的价格被固定为 1 盎司黄金兑换 35 美元。但 20 世纪 70 年代后，这个价格便无法继续维持下去了。美国的经常贸易赤字是导致这一状况的直接原因，但并不是全部原因。因为世界经济增长，国际贸易量增加，所需货币数量急速增多，而黄金作为货币价值尺度，其流通量却仅有微量增加。这才是导致美元停止兑换黄金，金本位制崩溃的真正原因。

黄金和原油均属于商品，在这个意义上它们是相同的。由于国际石油巨头不断开发油田和增加生产，原油才能保持较低的价格。原油是支撑现代所有产业的基本能源，正因为存在可以随心所欲地大量使用廉价石油的经济环境，才出现了以重工业为核心的经济增长时期。

然而，石油危机破坏了原油价格的稳定状态，美元与原油的交换比例也与货币间的交换比例一样，开始受市场左右而上下浮动。

表面上看，石油危机的直接原因是中东的政治纷争，特别是中东战争。但是战争不过是使固定价格转向变动价格的导火线。其根本原因在于经济环境的变化使原来的固定价格无法继续维持下去。战争只是它表面化的契机而已。

引起石油价格变动的原因是，发达国家的经济发展使市场对原油的需求不断增加。在持续发展的世界经济面前，人们开始意识到原油的稀缺性问题，于是引发了价格变动，而全世界必须接受。之前的原油价格是过于低廉了。

在 20 世纪 70 年代前半期的短暂期间里，美元与石油、黄金以及其他货币之间发生了同样的现象。也就是固定价格制度在事实上走向终结，价格开始受市场左右而上下波动。这个状态持续至今。

"进入价格变动时代"是一个极为重要的变化。不论是好是坏，市场的作用开始对整个经济发展形势产生决定性影响。

继外汇和原油价格之后，接下来应该转向变动制的是"利率"。但是正如第 4 章第 3 节将要介绍的，日本的利率自由化失败，引发市场失控，由此奔进了泡沫经济时期。

与此同时，美国和英国的新自由主义影响力增强，开始向民营化和减缓限制等最大限度利用市场调节作用的方向倾斜。

这正是 20 世纪 90 年代英美经济充满活力，而日本经济陷入停滞的原因。不过这是第 4 章要介绍的时期之后发生的事情。

日本式工会战胜石油危机

一般观点认为，"对于资源匮乏的日本来说，石油危机是一场国难，也是一次考验。"日本战胜石油危机的原因一般被归结为，"开发节能技术，将资源消耗量降到了最低水平。也就是说，是日本国民的努力和先进技术所带来的成果。"

不可否认，这是事实，但却并不是事实的全部。

首先来看把石油危机看作"国难"的问题。石油危机当然给日本经济带来深刻影响，但客观来看，日本经济所受到的影响并没有其他发达国家那么严重。

英国经济在石油危机之后陷入了长期停滞状态。而日本在经历两次石油危机之后，在 20 世纪 80 年代仍然实现了令人瞩目的高速发展。事后回望，可以说日本在应对石油危机这个问题时交出了一份优异的答卷。与英美两国相比，这个事实就更为明显。

日本为何能巧妙地克服了石油危机？是什么使之成为可能？

第一个因素是汇率。为了克服石油危机之后的通货膨胀，日元升值发挥了重要作用。日元升值相当于降低了进口产品的价格，从而也缓解了原油价格高涨带来的影响。

克服通货膨胀的另一个重要原因，是日本的工资决定机制也起到了良好作用。

在欧美国家，工资根据企业与工会缔结的工资协定来决定，大部分协定中都包括如果物价上涨，工资也必须随之上涨的条款。

这项条款原本旨在保障劳动者的生活水平，但增加工资会造成生产成本上升，导致商品和服务的价格也需要上涨。换言之，发生通货膨胀时，会产生"通货膨胀→提高工资→生产成本增加→物价上涨→通货膨胀进一步发展"的恶性循环，使成本推动型通货膨胀加速发展。

日本在第一次石油危机后的 1974 年，物价上涨率确实非常高，但之后并没有陷入通货膨胀不断加速的境地。这主要得益于工会主动控制了工资上涨范围。

日本的工会是由各企业分别成立的。工资一般与企业的业绩密切相关，大部分企业没有工资随物价上涨的条款。

企业业绩不振之际，如果工会以通货膨胀为由要求加薪，企业就会因生产成本增加而在竞争中处于不利地位，难保不陷入经营危机。而如果公司倒闭，员工也将失去工作。所以劳动者一方常常具有与公司同舟共济的意识，认为"为了渡过危机，我们也应该忍耐，而不能提出太过分的加薪要求。"

在石油危机中，工会与公司管理层团结一致，把公司的生存问题放在高于加薪的地位。由此抑制了狮子大开口的加薪要求，没有使日本陷入成本推动型通货膨胀的恶性循环。

如果像欧美国家一样，按照不同行业来组建工会，整个行业统一要求加薪的话，增加工资的要求并不会对劳动者所属企业的竞争力带来直接的影响。所以劳动者们也没有"加薪会使公司倒闭，自己也就会失业"的想法。其结果就是，欧美的工会以通货膨胀为由不断要求提高工资，这又导致新一轮的通货膨胀。也就是虽然经济处于萧条状态，工资却仍然上涨，通货膨胀无法止步，于是陷入滞胀状态。

英国曾试图将工资上涨幅度控制在生产率上升幅度的范围之内（被称为"收入政策"），但是并未奏效。相反在日本，无须政府强制，工会自发采取了相应措施。这正是日本和英国的差异。日本能够切断通货膨胀的恶性循环，其原因就在于日本的工会是以企业为单位组建的。正如前文已经介绍的，这个机制也是在战时经济体制中形成的。

1940 年体制是"从公司首脑到最基层工作人员，所有人为了共同目标而团结奋斗"的体制。这一体制的价值在石油危机中得到发挥。日本也因此在应对危机方面取得了好成绩。

20 世纪 50 年代和 60 年代，在缺乏资源和资金的情况下，1940 年体制保障资源能够被战略性地优先分配给产业部门，帮助日本实现了战后复兴和工业化发展。到了 70 年代，在面临石油危机这种外部危机时，1940 年体制又发挥了重要作用，使日本得以采取对整个经济最为有利的对策。

在克服石油危机方面，日本领先了世界，这是由 1940 年体制带来的胜利。我认为日本能够成功克服石油危机，与一般观点认为的节能技术相比，1940 年体制才是更根本的原因。

由此可见，继 50 年代和 60 年代之后，1940 年体制在 20 世纪 70 年代又实现了第三次成功。日本比其他国家提前克服石油危机，走进了下一章将要介绍的"金光闪闪的 80 时代"。

礼赞日本式体系成为惯例

但是现在来回望历史，我觉得对日本式经济体系的过大评价就是从这一时期开始成为惯例的。

不论是贸易自由化、资本自由化，还是石油价格高涨，日本都依靠举国一致的体系妥善解决。日本式团结一致的企业结构，也就是"同舟共济"的 1940 年体制被当作了无论什么情况下均可获得理想效果的王牌。

从这一时期起，越来越多的人开始拥有这种想法。

也就是说，石油危机不仅使战时体制得以继续存续下来，而且在意识上也更加强化了人们对于战时体制的认可。

20 世纪 80 年代后半期至 90 年代，世界经济的基础条件逐渐改变，而对于战时体制的一味称颂，导致日本经济未能及时适应世界经济大环境的变化。

不仅如此，这个时期形成的"日本礼赞，即 1940 年体制礼赞"论调，至今仍然残留在人们心中，阻碍着日本社会的结构转换。"1940 年体制的枷锁"，不仅在 20 世纪 80 年代和 90 年代，甚至现如今也仍然阻碍着日本经济的发展。

第 4 章

金光闪闪的 80 年代

1980 年—1989 年

1 日本第一

汽车和半导体超过美国，称霸世界

20 世纪 80 年代，是日本经济地位飞速提高的时代。

其象征就是汽车。日本汽车产量在 1980 年超过美国，成为世界第一（图 4-1）。日美地位逆转的直接原因是，石油危机导致汽油价格暴涨，人们转为购买高效省油的日本汽车代替耗油量大的美国车。不过，对比 50 年代以后日美两国的汽车产量，也可以预测到日本早晚会超过美国。

日本的半导体产业也取得了飞速发展。在动态随机存取存储器 (Dynamic Random Access Memory，DRAM) 的生产上，日本也成为世界第一（图 4-2）。20 世纪 70 年代初，本来是美国独霸全世界生产，但从 70 年代后期开始，美国的市场占有率开始下滑，日本的市场占有率急剧上升。最终，日本超越美国，成为世界最大的 DRAM 生产国。

图 4-1 主要国家汽车产量的长期变化

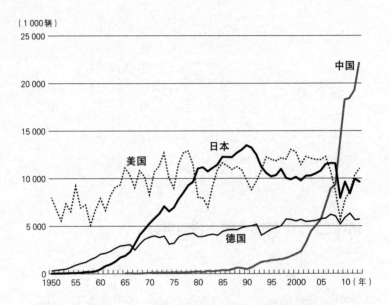

（1 000辆）

注：德国数据在 1990 年之前为联邦德国，1991 年之后为统一之后的德国数据。中国数据始于 1965 年以后。

资料来源：日本汽车工业协会《主要国家汽车统计》《世界汽车统计年报》。相关数据由日本汽车工业协会及各国汽车工业协会调查获得。

1982 年，日本电气公司（NEC）开始正式销售个人电脑 PC-9801。这款特别设计的电脑可以使用日语，在日本得到普及，被称为"国民机"。在日本市场上，已经成为世界标准的 IBM 公司并未占据优势，NEC、富士通等国内厂家独自开发生产的电脑占有更多市场份额。

1984 年 1 月，东京证券交易所的道琼斯指数突破 1 万日元。图 4-3 显示了东京证券交易所的股价指数（TOPIX）。

图 4-2　DRAM 的市场占有率变化

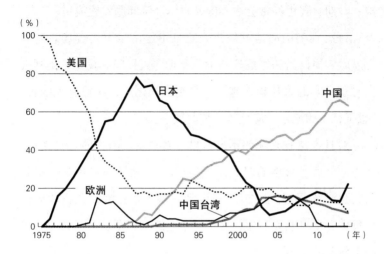

资料来源：高德纳公司（2015 年 3 月）。

图 4-3　股价的变化（TOPIX）

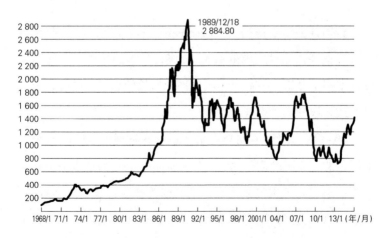

资料来源：东京证券交易所。

石油危机之后，日本经济的卓越表现受到全世界的关注。这一时期，我也经常会去美国就日本经济问题发表演讲。

每次到美国的地方城市介绍日本经济情况，会场总是座无虚席。演讲后的答疑环节也总有很多人提问。我能感受到人们对于日本的兴趣越来越大。甚至讲演之后，还曾有人问我，"想买日本的股票，应该挑选哪些股票？"

对日本持有兴趣的不仅是投资者。发达国家的年轻人中，认为"今后是日本的时代"，学习日语，希望在日本公司就职的人也越来越多。1978 年我调到一桥大学任教，在我的研讨班里也有来自澳大利亚，希望"学会日语以便从事与日本有关的工作"的学生。

日本式先进管理打造出卓越产品

美国社会学家傅高义（Ezra Feivel Vogel）于 1979 年出版了《日本第一：对美国的启示》，成为当年的畅销书。傅高义在这本书中分析了战后日本经济高速增长的原因，高度评价了日本式管理方式的先进之处。

80 年代末出版的同类图书，还有麻省理工学院的研究者们所著的《美国制造》（Made in America）。正如这本书的日文版副标题"以美国复兴为目的的日欧美产业比较"所体现的，这本书以"美国的制造业为何会走向衰落"为主题，指出日本生产厂家的管理和生产效率要高于美国企业。

这本书将苹果公司作为美国硅谷的 IT 代表企业，与索尼等日本的电子企业进行了比较。最后提出的结论是，"美国硅谷的企业应该向日本企业学习"。看看现在苹果公司和日本的电子企业，真让人有沧海桑田之感。

如上所述，这一时期，日本工业不仅产量增加，日本式的企业管理方式也在全世界获得高度评价。

与日本经济的腾飞相反，美国经济的衰退十分显著。20世纪 80 年代的美国，不仅在半导体和机电等前沿领域被日本超越，就连曾经独占霸主地位的汽车产业也出现了日本汽车席卷美国市场的场面。

这一时期，我曾经受邀去美国堪萨斯城就日本经济问题做演讲。负责接待我的是美国通用汽车公司的前副总经理。演讲结束以后，他用自己的车送我到机场。他开的是凯迪拉克汽车，可是这辆高级汽车却怎么也发动不起来了。他自嘲说，"如果是日本汽车，就不会出现这种问题吧。"试了几次，汽车最终发动起来，之后一直舒适顺畅地将我送到机场。至今我还记得，当时车上播放着莫扎特 G 大调第 27 号小提琴奏鸣曲 K379。在疾速行驶的凯迪拉克上欣赏奏鸣曲开头部分的柔板，总有一点不太协调的感觉。可他却评论这首曲子说，"是不是很美（Isn't it pretty）？"让我感到很新奇。

还有一次我到意大利米兰的博科尼大学进行集中授课，那里的教授也曾说起，"我的菲亚特汽车突然熄火，只好把它就那样扔在十字路口的正中间……要是日本汽车的话，就不会出现这种事情了。"

也就是说，除了价格便宜、燃效高以外，日本汽车的优异性能也在全世界得到广泛认同，所以销量才会增加。

海外通信极不方便

20世纪80年代，我频繁地出国参加研讨会。当时的联系方式多以写信为主。信件抵达对方手里，大概需要一个星期的时间。与无论多长多大的文字或图像都可以通过电子邮件瞬间传递的现在相比，那时的时间真是漫长得让人难以置信。

虽然紧急情况也可以打电话联系，但是电话费很贵，不能长时间使用。住宿的饭店也是通过电话预订，每次总是担心对方会不会把日期弄错。

在工作上，与海外联系也并非易事。简单的问题可以通过电话联络，但需要传送文件或者大量数据时，就很费事。

80年代末出现了计算机通信，国内的联络变得便捷了很多。但是与海外连线虽然不是不可能，但依旧非常困难。

不只有与海外的通信极为不便。当时我所在的一桥大学想与市内进行电话联系，也必须要通过接线员转接。因此也无法发送和接收传真。这样工作起来实在太不方便了，因此我购买了一种移动电话，也可以说是现在手机的祖先。它的名字叫作肩挎电话（Shoulder Phone），重得一个人几乎拿不动（主要是安装在汽车里使用）。

下一代还能享受到与我们同样富裕的生活吗？

美国作家史蒂芬·金（Stephen Edwin King）写过一部叫作《末日逼近》（*The Stand*）的作品。这是一部长篇科幻小说，讲的是美军细菌兵器研究所正在实验的病菌发生泄漏，并向全美扩散，使美国社会趋于崩溃的故事。故事的开端是，得克萨斯州的小镇上有两家工厂，因为受到亚洲进口产品的冲击，一家工厂被迫倒闭，另一家也已经奄奄一息。在计算器厂工作的主人公因此失业。整部作品笼罩着一种世界末日般令人窒息的压抑气氛。当时的美国社会也充满了悲观的厌世情绪。

当时的美国人为了"孩子们还能享受到和我们同样富裕的生活吗"这个问题而忧心忡忡。

1978 年 5 月，成田国际机场正式启用。我从美国回到日本时，在成田机场乘坐机场大巴返回市区，不禁感叹"东京这座城市是多么整洁啊！"在东京站的八重洲出口下车，道路上看不到一点垃圾。

而当时美国的大城市，以纽约为首，无论哪里都处于乱七八糟的状态。我曾经到过通用汽车公司总部所在地，同时也是美国汽车生产中心的底特律，那里的市中心就像刚刚经历过战争的洗礼，到处都像废墟一样。10 年前，我最初从日本来到美国时曾经惊叹美国的富裕景象。而 10 年之后，就变成了我从美国回到日本，为日本的繁荣而惊叹的时代。

这一时期日本使人感觉充满朝气的原因之一是人口结构。

1980 年，日本 65 岁以上人口占总人口的比例为 9.1%。虽然较之前有所上升，但还不到总人口的 10%（2013 年这个数字为25.1%）。

从国外回到日本，就能感觉到老年人很少。这种感觉在度假地更为明显。英国的度假地到处都是老人，而日本却大多是年轻人。虽然日本的度假地因此显得轻浮躁动，但我认为这样也有这样的好处。

留学生抱团形成日本城

20 世纪 80 年代，从日本去美国留学的人数急剧增加。特别是在商学院里，日本人成为一大势力。因为日本企业纷纷派遣员工前往美国学习，费用全部由公司负担。

进入美国的研究生院需要有推荐信。很多学生来找我写推荐信。每个人都要申请好几所学校，所以需要写几封推荐信。写推荐信成了一份繁重的工作，记得我还为此发过牢骚。那时从日本前往美国留学的人实在太多了，与到海外留学人数锐减的现在有天壤之别。

留学生们在国外常常只与日本人混在一起。他们不去尝试与当地美国人或者其他国家的留学生来往，为此受到很多指责。那么日本人为什么非要与日本人一起行动呢？这是因为，大家认为"在商学院留学的日本人，回到日本以后，就会成为公司的骨干。现在与他们交上朋友，建立起人脉，将来一定会有好处。"他们觉得与美国人交往再多，将来也不见得会有帮助，所以不愿浪费时间与美国人接触。人们之所以觉得这个理由有其道理，就在于当时大家都深信，"以后将是日本的时代，而非美国的时代。"

那时，即使立志做学问的人，也并不争取在美国的大学里谋求职位。因为日本大学的工资更高。

我最初在加利福尼亚大学留学的 60 年代，美国顶级教授的年薪对日本人来说，高得令人难以置信。顶级教授的标志据说是"年薪 3 万美元"，按照当时 1 美元兑换 360 日元的汇率计算，就相当于 1 000 万日元以上。这在当时的日本学者看来，是想都不敢想的高薪（当时我的年薪还不到 30 万日元）。

然而到了 80 年代，越来越多的学者因为"留在美国也赚不到多少薪水"而返回日本。

如上所述，20 世纪 80 年代，不只是日本人，甚至全世界都认为，"日本才是未来世界经济的中心。"因为他们相信"日本式经济体系"要优于英美式的经济体系。日本式经济体系意味着不是以市场为中心的竞争社会，而是以组织为中心的协调社会。其根基就是 1940 年体制。

镀金时代

美国著名作家马克·吐温写过一篇名为《镀金时代》的小说。从 19 世纪 70 年代到 20 世纪初，美国工业化迅速发展。

这一时期发现了石油矿脉，横跨美国大陆的铁路将东海岸和西海岸连接了起来。钢铁等重工业得到发展，大企业也陆续诞生。洛克菲勒、卡内基、范德比尔特等大富豪纷纷涌现。这是垄断资本形成、贫富差距扩大的时代。马克·吐温把这个时代的美国社会命名为"镀金时代（Gilded Age）"。

镀金不同于真正的纯金，是仅在表面涂了一层黄金。20世纪80年代的日本也相当于"镀金时代"。

人们一般认为这个时代是日本经济称霸世界的时代。但是作为这个时代的见证人，在我的眼里，20世纪80年代日本的飞跃只是"镀金"。这表面的繁华终究会褪色脱落，如同泡沫般转瞬即逝。

我之所以有这样的想法，是出于以下两个原因。

第一，在这个时代，美国的大学仍然远比日本的大学实力更强，至少在经济学领域是这样（也许别的研究领域有所不同，例如我学习应用物理学的同学在这个时代就曾说过"日本在全世界的学术界处于领先地位"）。

第二，以前文提到的底特律为例，虽然市中心宛如废墟，而我住宿的郊外饭店的周围却遍布现代化建筑，城市景观十分美丽。这是因为富裕阶层和新建写字楼都逃离市中心迁到了郊区。这在美国各地虽然程度不同，却是共同现象。

然而，日本游客因为交通不便，去不了郊区，所以他们只看到市中心的萧条景象便得出"美国已经不行了"的结论。他们并不了解美国的新发展正在郊区静静萌芽。日本作家司马辽太郎看见费城街区的景象而感慨，"（美国）把失去功能的城市当作废品一样对待"，可以说这是典型的日本人的美国观。

日美贸易摩擦激化

日本产业的飞速发展激化了日美两国间的贸易摩擦。

在战后 10 年左右的时间里，日本与美国在经济实力上有极大的差距。从 20 世纪 50 年代中期开始，日本进入高速增长时期，与美国的差距也逐渐缩小。1965 年日本与美国之间的贸易收支发生逆转，美国的对日收支出现赤字。此后，美国赤字、日本盈余的形势固定下来。"从日本进口的产品将会击垮美国企业"的想法在美国扩大，在贸易赤字较多的产品领域，贸易摩擦渐渐发展成政治问题。

最先出现争端的是纺织产品。以 1955 年美国降低纺织品关税为契机，日本向美国的出口急剧增加。围绕纺织品的贸易摩擦一直持续到 20 世纪 70 年代中期，期间的谈判过程被统称为"日美纺织谈判"。

接下来，从 70 年代后半期开始，钢铁贸易也逐渐发展成为政治问题。从图 2–3（第 78 页）钢铁产量的变化中可以发现，日本钢铁产量从 60 年代开始迅速增加，到 70 年代前半期已经突破每年 1 亿吨。而美国钢铁产量则始终徘徊在约 1 亿吨的水平。日本采用热效率更高的连续铸造法提高制造工艺效率，于 60 年代实现了比美国更低的钢铁制造成本。日本的低成本钢材大量出口到美国，引发了日美钢铁贸易摩擦。

80年代，日美贸易摩擦扩大到了彩色电视机及录像机等半导体和机电产品以及汽车行业。从经济发展阶段来看，落后国家通过发展纺织等劳动密集型产业追赶并超越发达国家是极为自然的情况。但20世纪80年代日美两国贸易摩擦的对象已由最初的纺织品变为半导体及汽车等制造业中的前沿领域。美国汽车产业的"三巨头"（通用汽车、福特、克莱斯勒）具有强大的政治影响力，所以汽车贸易摩擦成为日美之间的重大问题。

另一方面，日本的金融及资本市场在80年代之后仍然对外国保持闭锁状态。日本向国外出口产品，却不允许外国向日本投资。这种情况遭到海外的猛烈批判。

为了躲避批判的矛头，80年代以后，日本逐渐开始推行金融制度的自由化，并将缩小日本贸易盈余作为经济政策的目标。

1985年，为了抵抗美国日益强硬的对日压力，中曾根首相的私人咨询机构"为实现国际协调的经济结构调整研究会"成立。1986年4月该机构提交报告，由于是在日本银行前总裁前川春雄的主持下提出的，这份报告又叫作"前川报告"。前川报告指出，为了消除日美贸易摩擦，必须"扩大内需，开放市场，推行金融自由化，纠正经常收支不均衡，提高国民生活水平"。

1989年，旨在纠正日美贸易不均衡的"日美结构协议"

出台，日本的流通结构乃至商业习惯等都开始受到质疑。

广场协议导致日元升值

20 世纪 80 年代，出现了被称为"逆石油危机"的情况。1986 年年初每桶近 30 美元的原油价格在接下来的半年间骤然跌至每桶 10 美元左右。后来虽然有所回复，但再也没有出现暴涨，到 1999 年为止一直维持在每桶 20 美元左右。

原油价格下跌给石油进口国带来了巨大的经济利益。通货膨胀得到抑制，促进了经济增长，并改善了国际收支。特别是在日本，效果尤其明显。如图 3–2（第 140 页）所示，日元升值使按照日元计算的原油价格在实质上进一步下降。

1985 年 9 月，发达国家的五国财政部长及中央银行行长在纽约的广场饭店召开国际会议，发表了被称为"广场协议"的声明。

五国达成协议，联合干预外汇市场，诱导汇率向日元和德国马克升值，美元贬值的方向发展。广场协议的签订背景是，日本和联邦德国经济持续增长，贸易盈余不断增加，所以提倡日本和德国承担火车头作用，牵引世界经济发展。

2015 年是广场协议签订 30 周年。回望这 30 年间日本经济地位的涨落起伏，真让人不胜今昔之感。

广场协议引发了外汇市场的剧烈振荡。9 月 24 日，日本银行根据广场协议开始抛售美元，造成美元急剧贬值，市场陷入一片混乱。前一天还是 1 美元兑换 235 日元的汇率，在一天之内骤降 20 日元。因此，各企业的总部与分社之间的电话通话量激增，据说甚至造成长途电话瘫痪 2 个小时。

其后，日元继续升值，日元对美元汇率在一年之内上涨 60%。1986 年 7 月，汇率达到 1 美元兑换 150 日元。之后，1987 年又升至 1 美元兑换 120 日元，这一水平一直持续到 1989 年（第 133 页图 3-1）。80 年代原本为 8% 的居民消费物价指数同比上涨率在 1983 年降至 2%，1986 年为不到 1% 甚至负值。

无法自拔的金融缓和

由于日元的急剧升值导致出口增长减缓，要求实施金融缓和政策的呼声越来越高。实际上自从 1980 年 8 月日本央行降低基准利率以来，日本在这近 6 年期间一直在实行金融缓和政策。央行基准利率从 1980 年 8 月的 9% 经过连续 5 次下调，1983 年已经降至 5%（图 4-4）。

日本银行进一步推行金融缓和政策，在 1986 和 1987 年的两年之内总计 5 次下调基准利率。到了 1987 年 2 月，央行基准利率降至战后最低水平 2.5%。因此货币供应的增加率随之高达 2 位数（货币供应量为货币供给的余额，又叫"货币存量"）。这与 2013 年日本"异次元金融缓和"政策带来的货币存量增加率仅为 2%～3% 相比，真是天壤之别。

图 4-4　20 世纪 80 年代的金融政策的变化
（基准贴现率及基准贷款利率）

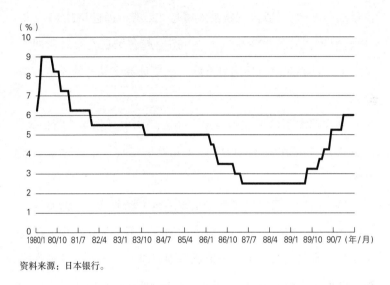

资料来源：日本银行。

就这样，日本具备了原油价格降低、日元升值和利率下调三个条件，当时被称为"三重优势"。

不过，实际 GDP 增长率并没有立即提高，甚至还从 1985 年的 6.3% 下降到 1986 年的 2.8%。因为日元升值导致了出口减少。但由于消费支出保持了稳步上升，1987 年和 1988 年的 GDP 增长率又高了起来（第 75 页图 2-1）。

由于认为"各国为纠正美元价值偏高而采取的国际协调干预对外汇市场带来了过度影响"，1987 年 2 月，发达国家七国的财政部长及央行行长在巴黎卢浮宫举行了 G7 会议。会议达成卢浮宫协议，要求各国协调干预外汇市场以阻止美元进一步贬值。然而日元升值与美元贬值的态势并未得到有效控制。

1987 年 10 月 19 日，纽约股市暴跌，这一天被称为"黑色星期一"。当天股价下跌幅度高达 22.5%，远远超过 1929 年"黑色星期四"的 12.8%。这一事态引起各国证券交易所的连锁反应，世界股票市场同时下跌，东京证券交易所的股票价格也大幅下跌 14.9%。

此次股票下跌的原因主要在于，美国贸易赤字不断扩大，以及市场预测卢浮宫协议阻止美元贬值将会带来金融紧缩政策等。

这一时期，日本已经开始出现地价上涨的苗头。因此这种情况下，应该将金融缓和政策改为加息。但是加息将会加速美元贬值，有可能对美国经济造成负面影响。由于担心"日本成为引发世界恐慌的源头"，日本银行决定推迟加息。

从 1987 年 2 月至 1989 年 5 月，基准利率一直维持在 2.5% 的极低水平。这种异常的金融缓和状态被故意忽略，从而最终导致了泡沫经济的发生。

2　自由主义思想再度盛行

日益紧张的冷战气氛

20 世纪 80 年代前半期是冷战导致东西方关系异常紧张的时代。

1979 年，苏联出兵阿富汗。美国、日本及联邦德国宣布拒绝参加 1980 年的莫斯科奥运会，以示抗议。

我曾在那之前不久乘坐列车在联邦德国旅行。在火车站里，我看到货车上装载着坦克。再往前走，又看到坦克在一望无际的田野里行驶，战斗机轰鸣着在高空盘旋。原来正好碰上了军事演习。

这些景象使我切身体会到"冷战的现实"。在日本，冷战不过是一个名词，没有给我们带来任何实际感受。但是在德国，冷战就是日常生活的一部分。

在柏林，冷战以明白无误的形式展现在人们面前。这座城市在第二次世界大战结束以后一度被联合国共同接管，但是随着美苏关系的恶化，苏联封锁了西柏林。1961 年 8 月，沿着美英法三国占领区域的边界建起了柏林墙，从此联邦德国与民主德国之间的自由往来被阻断。

柏林有一座名为"勃兰登堡门"的凯旋门。分隔联邦德国和民主德国的柏林墙就位于它的西侧。西柏林设有观望台，登上台阶，可以看到柏林墙后的这座凯旋门。凯旋门的旁边摆放着纪念战争胜利的苏联坦克，但是四周却空无一人。

外国游客可以免签进入民主德国进行一日游，我曾经坐电车去过几次。从东边看过去，勃兰登堡门的后面是柏林墙，柏林墙的另一侧就是自由世界。而民主德国的人们却被禁闭在这里。

从东柏林一侧看到的勃兰登堡门。再往前走就是柏林墙，附近空无一人

从柏林到波茨坦的漫长旅程

朝圣山学社（Mont Pelerin Society）是一个学术研究团体，以"反对共产主义和计划经济，普及自由主义"为宗旨，设立于 1947 年。主张自由主义的米尔顿·弗里德曼（Milton Friedman）和奥地利自由主义思想家弗里德里希·哈耶克（Friedrich Augustvon Hayek）等人都属于这个团体。

我曾于 1982 年在该学社的总会上做过研究报告。总会在柏林召开，大概也有向东边展示自由主义经济的繁荣和成果的目的吧。

会议安排了一项去波茨坦郊游的活动。波茨坦距离柏林 30 公里左右，本是普鲁士王国的首都，因为第二次世界大战

原东西柏林边境的地雷区。作者在行驶的电车上抱着"必死"的决心拍摄的照片。照片中央可以看到两名士兵正在巡逻

的波茨坦公告（要求日本无条件投降）而闻名于世。

因为波茨坦位于民主德国境内，所以从西柏林出发必须要经过国境。与会者分乘几辆巴士出发，在国境等了将近 2 小时才被放行。后来听说，因为哈耶克和弗里德曼也在车上，所以民主德国大概是故意刁难我们。

德国统一之后，我从柏林乘坐电车去波茨坦，不到 30 分钟就到达了目的地。如此近的距离，在 80 年代前半期，从西柏林出发的旅途却曾经那么遥远。

我也有几次踏足过苏联的领土，虽然只是在机场短暂停留。冷战时代，苏联政府禁止外国航空公司在本国领空航行，因此从日本飞往欧洲的航班必须先飞到阿拉斯加的安克雷奇（Anchorage）补充燃料，再经由北极飞往欧洲。但是不知从何时起，也开通了经由莫斯科谢列梅捷沃国际机场飞往欧洲的航班。

这个机场的走廊灰暗而单调，没有任何装饰。商店也都狭窄而粗劣，胖阿姨用可怕的表情恶狠狠地盯着顾客。几名持枪的士兵在走廊上来回巡逻，我不禁想，"让年轻人做这种毫无意义的工作，这样的国家还有什么生机可言。"

到了 1980 年，为了迎接莫斯科奥运会，谢列梅捷沃国际机场扩建，新修了第二航站楼。新航站楼是现代化的明亮大楼，扩建了免税店，西方国家的信用卡也可以在那里使用了。商场里开始出现漂亮得让人眼前一亮的俄罗斯美女，她们到底是从哪里冒出来的呢？

苏联陷入瘫痪

在莫斯科奥运会之前的那段时间，苏联对待西方的态度表面上有所缓和，然而在内部，苏联早已处于危机状态。

国家政权受制于高龄老人。经济方面，生产率降为负值。也就是说，工厂生产出来的产品的经济价值甚至比当初的原材料价值还要低。

按照马丁·马里亚（Martin Edward Malia）的观点，1967年至 1970 年期间，苏联的年平均经济增长率为 5.1%，但 1981年至 1990 年这段时期则降低为 0。因为苏联的经济增长率通常要减去 2% 才接近真实水平，所以实际上 80 年代苏联经济处于负增长状态。

苏联内部的混乱日趋明显，逐渐变得从外部也能一见端倪。1983 年 9 月，大韩航空公司的一架波音 747 客机被苏联空军战斗机误击坠毁。机上 269 名乘客和机组成员全部遇难。苏联受到国际舆论的强烈谴责。当时我正在华盛顿郊外出席一个国际会议，美国国务卿舒尔茨（George Pratt Shultz）乘坐直升机赶来，在会上严厉批判了苏联的"残暴行为"。

1986 年 4 月，苏联切尔诺贝利核电站发生爆炸，大量放射性物质被排到大气当中。苏联此时已经无法控制国内的经济活动。在这场事故之后不久，我去了柏林。一次外出时赶上下雨却没有带伞，因为害怕遭到辐射，我们躲在楼里不敢出去。

1988 年我去加州大学伯克利分校参加研讨会，从机场搭乘的出租车司机是逃亡的爱沙尼亚人，在西雅图遇到的出租车司机也是逃亡的俄罗斯人。

市场主义的扩张

另一方面，西方世界也在政治思想方面发生了巨大变化。

1979 年，玛格丽特·撒切尔就任英国首相，推行被称为"撒切尔主义"的新自由主义经济政策，主张缓和限制，重视市场的调整作用，并实行了一系列改革。例如对一直由国家经营的电话、铁路和航空事业推行民营化，对抗工会组织的罢工。在金融领域，缓和限制，允许外国资本参入。在税收制度方面，推行改革，减低所得税，同时增加增值税，鼓励国民自立。

撒切尔就任首相两年后的 1981 年，罗纳德·里根当选美国总统，推行了与撒切尔一样的自由主义改革。里根在任期间，降低所得税，缓和限制，增加企业的活力，这些政策被称为"里根经济学"。

就这样，20 世纪 30 年代世界经济恐慌以来以凯恩斯主义为基础的政策，即重视政府对经济活动的调控作用的政策慢慢消退，重视市场作用的时代又开始复活。

这一时期，朝圣山学社的总会在英国剑桥大学召开。我在以"国营企业民营化"为主题的分会场做了报告，介绍了日本三家国营公司民营化的事例。其他报告都极为抽象和具有哲学意味。据说这次总会之所以在剑桥大学召开，是因为会员们认为"哈耶克的自由主义终于战胜了凯恩斯主义"，因此选择凯恩斯曾经任教的剑桥大学作为会场。

晚餐后安排了哈耶克的自由讲座，在大学休息室昏暗的灯光下，听众们围坐在哈耶克旁边倾听他的高论。他所讲的内容非常抽象，富有哲学意味，十分难懂。而且当他讲到兴头上，还会不知不觉地从英语变成德语（哈耶克出生于奥地利）。

1985 年戈尔巴乔夫就任苏联共产党总书记。同年 11 月，他在日内瓦与美国总统里根举行首脑会谈，就加速缩减核武器、相互访问等问题达成了共识。

戈尔巴乔夫积极推行民主化政策，主张改革与信息公开。他对苏联闭锁的政治体制进行改革，承认私营企业的存在，释放政治犯，支持东欧的民主化革命。戈尔巴乔夫试图在苏联僵硬的经济及社会制度中导入民主主义、政治自由以及市场经济，但始终坚称自己是共产主义者。他所推行的民主化政策其实是以苏联体制的永久存续为目的的改革。

然而到了 80 年代末，东欧共产主义政权如雪崩一般接连倒塌。波兰、匈牙利和捷克斯洛伐克等国纷纷成立了非共产党政权，南斯拉夫和罗马尼亚的政权也发生了改变。终于，1989年 11 月，柏林墙被推倒了。

戈尔巴乔夫未能有效掌控国内的共产党保守派，1991 年 8月，苏联发生了政变。戈尔巴乔夫受到拘禁，失去了领导国家的实权。叶利钦领导的俄罗斯共和国宣布退出苏联，同年 12 月，苏联彻底解体。

马丁·马里亚在其著述中写道，"苏维埃主义这种'超现实'的存在突然消失，俄罗斯站在过去 70 年的悲惨遭遇造就的废墟之中，终于从噩梦中醒了过来。"

撒切尔、里根和戈尔巴乔夫这三名政治家当中，我有里根和戈尔巴乔夫的签名。在我的加州大学硕士学位证书上有当时

里根的签名

戈尔巴乔夫的签名

任加州州长的里根的签名。来自戈尔巴乔夫的签名是在他辞去总统职务很久以后访问日本，一同参加某个小组讨论时，我请他为我签名留念。他写道，"赠予野口先生留作纪念。戈尔巴乔夫，2007 年 11 月 12 日。"

中曾根改革下的三大公司民营化

撒切尔和里根的自由主义改革也影响了日本。

1980 年成立的铃木善幸内阁提出"无须增税的财政重建"，于 1981 年成立了临时行政调查会。因为由土光敏夫担任会长，该调查会又被称为"土光临调"，除了研究财政重建问题以外，还提议将日本国有铁道（国铁）、日本电信电话公社（电电公社）及日本专卖公社这三大国营企业转为民营。

这项建议被 1982 年成立的中曾根康弘政权继承下来，日本也开始推行撒切尔式的国营事业民营化以及限制缓和的各项政策。

之前一直垄断日本电话业务的电电公社，于 1985 年随着《公众电信法》改为《电信事业法》，开始转为民营。根据修改后的法律规定，电电公社变为股份公司，允许其他企业自由参与电信事业。电电公社民营化形成的新公司 NTT 公司于 1985 年 4 月诞生。

垄断盐和烟草买卖的日本专卖公社也于 1985 年 4 月新设为民营企业 JT 公司（日本烟草产业股份公司）。

三大公司的民营化过程要数工会力量强大的国铁最为困难。临时行政调查会提出将国铁分割民营化的方针，将原本的国营产业转为民间企业，同时重组为六个地方旅客铁道公司和一个货物铁道公司。新公司 JR 于 1987 年 4 月 1 日诞生。

当时的国铁总裁是高木文雄先生。他在担任大藏省事务次官之后就任国铁总裁。

这一时期，我有一次去与高木先生见面。之前有报纸报道他曾去北海道出差，所以我问他乘坐什么交通工具去的北海道。他回答我说，"去的时候坐国铁，因为记者都在那边等着呢。不过回程是坐飞机回来的。"

国铁民营化是一个划时代的改革。之前苦于应付罢工和劳资纠纷的国铁发生了巨大变化，服务质量也提高了很多。

但是，我对于国铁民营化也有不满之处。那就是，没能单独成为一个 JR 东京公司，而是将东京区域划归为 JR 东日本公司所管辖。

在实行民营化以前，国铁的问题之一是一个区域的盈利被转移到另外一个区域（即内部转移）。东京区域的行车路线获得了大量收益，公司却将这部分利润转移到其他区域填补亏损。因此，东京区域的铁道通勤者们饱受高峰时段的拥挤之苦，却没有为他们修建和开通的新线路。首都圈通勤者常年为了维持自己根本用不到的地方铁道线路而承担巨大负担。

虽然日本在战后完善了各种社会基础设施，但大城市薄弱的通勤线路问题却一直被置之不理。造成这个问题的原因就是内部转移机制。我认为，这也是造成 80 年代中后期房地产泡沫的根本原因之一。

3 泡沫形成

没有理财技术就是无能

在来自海外的自由化压力之下，20 世纪 80 年代日本开始阶段性地推行金融自由化。限制被取消，利率反映了市场动向并由市场决定。金融机构在开发和销售金融商品方面也享有了更大的自由。

但是在取消有关限制的过程中，出现了一种奇怪的事态。其象征就是在 80 年代逐渐普及的"理财技术"一词。

第 3 章第 2 节中提到，1972 年我留学回来时，日本才终于开始允许按照市价发行股票来增资。由于 80 年代日本的股票价格持续上升，上市公司很容易就可以通过发行股票来获取资金。大企业开始减少向银行的贷款，转为在股票市场上融资。企业通过股票市场获得的资本 80 年代前半期仅为 3 万亿日元左右，到 1987 年达到 11 万亿日元，1989 年则激增至 27

万亿日元。

与此同时，过去只允许长期信用银行或者电力公司等极少数企业发行公司债券的限制也开始缓和。可以发行公司债券的企业越来越多，普通公司债券以外的债券也逐渐得到许可。

于是很多企业开始关注可转换债券。可转换债券是指有权转换为股票的公司债券。例如最初以 100 日元的价格发行的公司债券附有 1 份股票转化权，那么当股票价格涨至 150 日元时，将这份公司债券转换为股票在市场上出售，就可以获取 50 日元利润。另一方面，如果股票价格下跌至 100 日元以下，只要不转换为股票，仍以公司债券的形式持有，那么在赎回时仍旧可以得到 100 日元的本金及相应的利息。

对投资者来说，可转换债券可以在股票价格上涨时获得盈利。对企业来说，由于与普通公司债券相比，可转换债券的利率通常较低，企业也可以减少融资的利息负担。可转换债券其实早在 1966 年就有发行，到了 80 年代后半期才开始急剧增加。

另外，从 1981 年开始，企业还可以发行"附认股权证公司债券"。附认股权证债券拥有按照约定价格认购该公司股票的权利。不同于可转换债券是直接将债券转换为股票，附认股权证债券在购买股票时需要另外付钱。但如果股票价格高于购买债券时约定的认购价格，将认购的股票在市场上出售便可以获得利润。另一方面，由于附加有这种权利，所以利率也相对较低。因此对企业来说，附认股权证债券也可以以较低的利息成本获得融资。

通过这些方式，上市公司无须从银行贷款就可以按照更低的利率获得融资。因此，企业除了运转资金和设备投资之外，也开始以资产运用为目的来进行融资。

例如，企业发行可转换债券获取资金，以大额定期存款的方式存入银行。由于利率自由化政策的实施，对信用度高的大企业，银行往往会支付较高的利息。于是大企业不费吹灰之力，只通过大额定期存款就可以获得差额利息。

这就是"理财技术"的内容。虽然打着"技术"的旗号，但实际上并非真正的技术，不过是金融市场的失衡所引发的异常现象而已。但是因为确实能为企业带来利益，所以短时间内就得到了广泛应用。

除此以外，还有其他可以记入日本金融史的异常现象。

这一时期，"特金"（特定信托基金）、"信托基金"（fund trust）等将资金用于股票和债券的新型金融产品都获得了许可。企业以较低利率获得融资，转而用于购买特金或信托基金等金融产品，获得的利息收益远远高于当初融资支付的利息。特金和信托基金 1985 年不足 9 万亿日元，1989 年底则迅速膨胀为 43 万亿日元。

1987 年，短期融资券（CP，commercial paper）的发行获得许可。CP 与汇票类似，是企业筹集短期资金的一种方法。发行 CP 的企业虽然要支付利息，但是大企业发行 CP 的利率要远远低于银行的大额定期存款利率。因此企业发行 CP 获取资金，再将该资金存入银行即可获利。这种机制之下，只要将钱从左移到右就能获得收益。

于是认为"企业的财务主管不懂理财技术就是无能"的时代到来了。企业不再关注原本的生产经营，而是将精力用于依靠投资理财来获取收益。

地价开始暴涨

1983 年，东京市中心的土地价格开始以异常的速度飞涨。在虎之门周边地区，土地交易成交价格高得令人难以置信。这种现象逐渐扩大到其他地区。

支撑地价高涨的，是大家的期待。人们都相信"随着日本经济的增长，东京将会成为亚洲的金融中心"。世界各地的企业聚集在东京市中心，希望在此拥有一席之地。因此东京市中心土地的经济价值上升，土地价格也会随之高涨。在这种预期之下，人们开始抢购土地。

1986 年前后，"拆迁""转卖土地"等词语开始流行。拆迁是指收购之前低层建筑密集的土地，将其夷为空地，以备将来建造高楼大厦。

市中心的土地权利关系往往错综复杂，需要大费周章才能变为空地。所以大型房地产开发集团往往不亲自出面，而是请分包商来做前期工作。于是涌现出了很多来历不明的"拆迁队"。

转卖土地则是指买到土地，再将土地转手倒卖。地价不断上涨，所以倒买倒卖能够牟取暴利。用土地做抵押，可以轻松地从银行获得贷款，因此以将要购入的土地作为抵押从银行获取贷款，几乎分文不出就可以进行土地的倒买倒卖。很多公司为了牟取暴利纷纷投身于这个行业。

当时还出现了"铅笔楼"一词。在极为狭窄的土地上，建造 5 层高左右、像铅笔一样细长的大楼。这些奇怪的新词就像日常用语一样，到处有人在用，到处都能耳闻。

根据 1987 年 1 月政府公布的土地标准价格，东京附近的土地价格比前一年上涨 23.8%。接下来的 1988 年 1 月，土地价格上涨率高达 65.3%。

图 4–5 城镇土地价格指数的变化

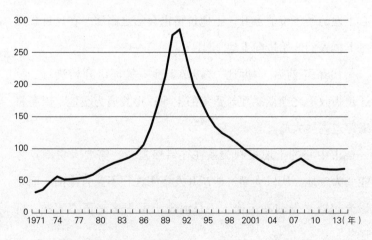

注：包括六大城市所有用途土地平均价格。
资料来源：日本不动产研究所。

　　泡沫经济崩溃以后，从较长时期来看土地价格的变化情况，可以明显观察到这一时期地价上涨实属异常（图 4-5）。但在当时，人们却完全没有警觉到这个异常现象。

　　1988 年，日本国土厅公布的《国土利用白皮书》指出，"以东京附近为中心的土地价格上涨是由实际需求所引起的。"也就是说，这份白皮书认为，土地价格上升并非投机导致，而是土地需求大于供给引起的，因此并非异常现象。这相当于政府为土地价格高涨做了权威保证。

　　于是土地泡沫进一步膨胀。除了城市中心地区的商业用地，大城市周围住宅用地的价格也显著上升。

　　1990 年，东京周边的公寓价格已经超出人们平均年薪的 10 倍，市中心更是高达将近 20 倍。在首都区域，不要说独栋住宅，就是公寓价格也涨到了平民百姓难以承受的水平。

　　这一时期盛行开间公寓。据说适合人们买来投资，等价格上涨之后卖出赚取差价。

　　我在美国就日本经济问题进行演讲，也越来越多地谈及日本的土地问题。有一次，我在演讲中对土地价格进行说明时，发现听众都在台下偷偷地笑。

　　演讲结束后问他们为什么笑，有人告诉我说，"你用平方英尺来计算土地面积很好笑，因为在美国，土地面积都是以英亩[①] 来计算的。"

———————

① 1 平方英尺约为 0.09 平方米，1 英亩约为 4 047 平方米。——编者注

其实我在演讲前，也曾经犹豫说明土地价格时用什么单位。因为日本一般说"1平方米多少钱"，所以就改成了"1平方英尺多少钱"。然而在美国，土地面积的单位却是英亩，1英亩大约等于4 000平方米，也就是4万平方英尺。所以听了我的演讲，听众们确实会感到很好笑吧。

后来我去澳大利亚的时候，很好奇那里用什么作为土地面积单位，所以特意留意了房地产广告。

在日本，房屋面积非常重要，所以房地产广告会把小数点后面的数字都认真地写清楚。但我在澳大利亚看到的广告却写着，"到与相邻土地为界的那条河为止。"土地面积多大，根本就没写出具体数字。在澳大利亚，这才是通常做法。

股价也开始上涨

随着土地价格的高涨，股票价格也一路飙升。1983年日经平均股价是8 000日元左右，1987年10月涨至26 646日元。仅仅4年就涨了2倍以上。之后仍旧一路高涨，直至1989年年末的最高值38 915日元。1990年1月甚至有报纸预测，"日经平均股价马上就会涨至60 000日元左右。"

日本企业的市值总额，在最高点时甚至膨胀为美国企业的1.5倍，占整个世界的45%。这真令人难以置信，日本企业居然占据全世界企业市价总额的将近一半。

NTT公司的市值总额超过了世界最大电话公司美国AT&T

公司，甚至比 AT&T 公司与 IBM、埃克森、通用电气和通用汽车等几大公司加起来还要多。野村证券的市值总额更是超过美国所有证券公司的总和。

1988 年底，野村证券公司在日本和世界各地的报纸及杂志上都登载了双页版面的观念广告。其内容如下：

"看到东京证券交易所的股票价格不断上涨，有人说'东京股价太高了'，有人说'股价太高会导致市场不稳定'。可以说，这些顽固不化的怀疑论者就好比在今天仍然相信托勒密所主张的地心说一样。

"在天文学领域，后来出现了哥白尼，彻底推翻了托勒密的学说。你是哥白尼呢？还是托勒密呢？

"你必须拓展知识，建立起哥白尼式的思维方式。来吧，来加入我们，一起提高并丰富自己。"

对于投资者"日本的股价太高，已经高到了外太空"的担心，听说证券公司的销售人员曾经这样回答："就日本来说，股票市场是不存在万有引力的。"

不过，牛顿的重力法则终究还是在日本的股市发挥了作用。第 5 章第 1 节将对此进行说明。

世界名画：挂在墙上的土地？

市中心地价暴涨的同时，地方城市也掀起了修建高尔夫球场的热潮。人们把这当成了"梦幻炼金术"。建造高尔夫球场，首先要销售高尔夫俱乐部会员资格。开发商采用预付金的形式筹集到会员资格面额 90% 的资金。然后再从银行贷款，只要是修建高尔夫球场的项目，银行通常都会批准。

在日本，修建一座高尔夫球场的费用一般为 100 亿日元左右。然而用这个办法，身无分文居然也可以从事 100 亿日元的不动产开发项目，这正是名副其实的"梦幻炼金术"。

之前一直踏踏实实地经营祖业的地方名流也都纷纷投身高尔夫球场的建设热潮中。1985 年，全日本仅有 1 400 家高尔夫球场，不过十几年间，就增至 2 400 家。此外，1987 年公布的《综合疗养地区整备法》（俗称《度假地法》）又掀起了度假地热潮，对兴建别墅区的趋势起到了推波助澜的作用。

在日本国内修建高尔夫球场大获成功的房地产开发公司雄心勃勃，开始进军海外度假地的开发。高桥治则就是其中之一。他经常乘坐私人飞机往返太平洋，在塞班岛或者澳大利亚黄金海岸开发度假村。高桥拥有的 EIE 国际公司的资产总额曾经一度超过 6 000 亿日元，加上集团下属公司，据说总资产超过 1 万亿日元。乘着泡沫经济的东风，该公司的资产总额甚至膨胀到几乎与日本著名房地产开发公司三菱地所持平的 1.8 万亿日元的水平（第 5 章第 2 节将会介绍，泡沫经济崩溃之后，EIE 集团公司成为导致日本长期信用银行等多家金融机构破产的原因）。

泡沫经济时期的投资对象，就这样从城市不动产到高尔夫球场，再到海外的度假胜地。范围逐渐扩大，最终连美术品也成了投资对象。

1987 年，安田火灾海上保险公司投资 58 亿日元购入梵高名画《向日葵》，成为热议的焦点。此外，日本企业还先后以 74 亿日元购入毕加索的《皮耶瑞特的婚礼》，以 119 亿日元购入雷诺阿的《煎饼磨坊的舞会》。1987 年之后的 5 年期间，日本从海外购入的美术作品总额超过 1 万亿日元。

人们的对话中也经常出现类似的话题，例如"在银座的画廊买的画，转手卖到其他画廊，几分钟就赚了好几百万日元"，或者"名画就是挂在墙上的土地"等。

"名画是挂在墙上的土地"的观点中包含两层错误。

第一，土地原本是用于居住或者开展事业的。但是当时，土地却被当成倒买倒卖的赚钱工具，这是第一层错误。

第二，名画是用来欣赏的，但是也被当作了倒买倒卖的赚钱工具，所以说名画等于挂在墙上的土地，这是第二个错误。当时的人们居然能理所当然地提出这种逻辑，而且谁都不觉得异常。

这一时期，我在意大利米兰的博科尼大学进行集中授课。休息时间，我常到米兰的街上闲逛，浏览当地的古玩商店。但是那一年，店里的商品突然大幅涨价。

我询问原因，店主回答说，"日本的百货店过来采购，把价格抬高了。"日本的泡沫终于波及了米兰的古玩商店。

日本资金买下全世界

20 世纪 80 年代后半期，日本企业大手笔的金融交易以及对海外不动产的投资在全世界都成了热门话题。

日本的各生命保险公司（人寿保险）在世界金融市场显示出强烈的投资意愿，在欧美的相关市场上被称为"生保先生"。当时在日本生命保险行业排在第一名和第二名的日本生命保险公司和第一生命保险公司，在一段时期里也是全世界生命保险公司总资产排行榜上的第一名和第二名。

日本投资海外不动产的势头也极为强劲。1986 年，第一不动产公司以破纪录的价格买下了纽约的蒂芙尼大厦。1989年，三菱地所公司一举买下纽约市中心洛克菲勒中心 14 栋大楼。其他如麻布建物、秀和等日本房地产公司也纷纷在夏威夷买下饭店，或者在加利福尼亚买下写字楼或购物中心等。

1990 年，一家名为宇宙世界（Cosmo World）的日本房地产公司以超过 8 亿美元的价格买下加利福尼亚著名避暑胜地圆石滩（Pebble Beach）的高尔夫球场和豪华酒店。

圆石滩就是第 2 章第 4 节提到的旧金山以南卡梅尔小镇的美丽海岸。我在 20 世纪 60 年代第一次看到这里的别墅区时，曾经惊叹"世界上居然有如此美丽的地方"，那时根本不会想到日本人能住在这里。

但是现在这里居然被日本企业买了下来，我只能承认"奇迹发生了"。

日本对美国不动产的投资，1985 年约为 19 亿美元，1988 年增至约 165 亿美元。1989 年底，日本土地资产总额约为 2 000 万亿日元，是美国土地资产总额 500 万亿日元的整整 4 倍。所以当时还有人会说出"卖掉东京就可以买下整个美国""只用皇居的土地就可以买下整个加拿大"等豪言壮语。

日本商人们在全世界昂首阔步。1990 年上映的美国电影《风月俏佳人》中，理查·基尔饰演的企业家爱德华进行交易的就是东京的股票市场。于是电影里也有矮个子、戴眼镜的日本商人登场。那就是当时世界上许多人对日本人的印象。

从 1987 年到 2006 年期间任美联储主席的艾伦·格林斯潘在其回忆录中写道，"斯普特尼克危机①以来，这一时期比其他任何时候都强烈地感到外国的威胁。"

---

① 斯普特尼克危机指 1957 年 10 月 4 日苏联成功发射第一颗人造地球卫星斯普特尼克 1 号。美国在此之前曾经尝试过两次试射人造卫星，但均告失败。苏联斯普特尼克 1 号的成功令美国芒刺在背。此后美国全力展开了与苏联的太空竞赛。

4 强烈感觉到时代在偏离轨道

日本真的如此强大吗？

当时，我曾经几次与外国学者进行共同研究，题目总是"日本为何如此强大"。

同前文提及的《美国制造》一书一样，人们普遍认为"日本经济成功的主要原因在于日本独特的经济机制"。探明这种经济机制的具体内容，对当时的海外学者们来说，是一个重要的研究课题。

他们的主要观点是"日本株式会社"，认为日本独特的劳资关系和管理方式是日本经济强大的原因所在。

第一，他们认为"在日本企业，经营方与工会不是对立的"是重要因素。在英国等国，劳资关系对立，企业常因为劳资纠纷而陷入困境。劳动者要求增加工资，导致企业的利润缩小。但是在日本，经营方与员工是一体的，所以不存在类似问题。因此日本能够实现经济的高速增长。

第二，他们认为"日本的公司经营者不必为股市的短期变动而患得患失，因此他们能够从长期视角来考虑公司的发展"。在美国，股票价格下跌，经营者就要被追究责任。所以他们总是盯着股票价格，只顾提高眼前的利润。而日本的经营者们却不会受到这种市场的压力。

我对这些观点持有疑问。日本的体系真有那么强大吗？日本真的是在实力上超过了美国吗？在我来看这绝不可能，但是奇迹却发生了。

只要比较一下日本和美国的大学，孰强孰弱就一目了然。美国一流大学在各方面的实力都是日本的顶级大学所无法企及的。

从日本到美国留学的学生数不胜数，可是却没有大批的美国学生来日本进一步深造。这其实是日美大学之间的实力差距带来的必然结果。

全世界的一流头脑都集中在美国而非日本。然而，日本的经济实力却凌驾于美国之上。我在直觉上感到这肯定不对。

以这个时期为界，日本人对日本世界地位的认识有了很大改变。

在这之前，日本人的一般看法是，"日本落后，所以必须追赶。"人们都怀有谦虚的态度，认为"应该学习外国的先进知识"。但是从 20 世纪 80 年代开始，日本人却变得认为"日本人和日本的制度非常优秀"（这种观点源自第 3 章最后论述的"日本体系礼赞")。

我认为，为自己的祖国感到骄傲与自豪，这很重要。但是我们的骄傲和自豪应该有客观事实作为依据。例如第 2 章第 4 节提到的，我曾经因为在肯尼迪机场看到了日本航空公司的飞机而感慨万分。那也可以说是一种"骄傲和自豪"，不过这种感情是有"日本的飞机也能飞到这里"的客观事实做依据的。

如果不依据客观事实，只凭自豪的感情一意孤行，这是很危险的。因为它很容易导致攘外和排除异己的风潮，构成进步的最大障碍。

天道未必酬勤，巨富源于"虚业"

日本的问题不仅在于日美之间的差距。

20 世纪 80 年代后半期，因为土地价格暴涨，工薪族即使辛勤工作一辈子也买不起自己的房子。勤劳工作却未必有回报。而倒买倒卖土地却能不劳而获地得到巨额财富。

当时，女学生们做兼职，只要成功招揽顾客加入高尔夫俱乐部，就能获得工薪族无法匹敌的高额收入。作家林真理子在小说《明子的时代》中描绘了日本泡沫经济时期的社会众生相。主人公是一位把房地产公司老板哄得团团转的年轻女子，小说里发生的各种事情，都是在现实中确实存在的。

辛勤劳动未必能获得相应的回报，而空手套白狼的各种虚假无德的行为却能带来巨大财富。这样的状况深深地刺痛着人们的尊严。

我在 1989 年出版的《土地经济学》一书中阐述了上述观点。但遗憾的是，这本书在日本并未引起任何反响。反倒是美国人对我的观点表示了兴趣。

当时正赶上日美结构协议谈判，美国的研究者们对日本的土地问题非常感兴趣。我与当时的驻日大使迈克尔·阿马科斯特（Michael Hayden Armacost）以及美国大使馆的相关人员就土地问题进行过多次讨论（我与迈克尔后来还成为在斯坦福大学共事的同事）。

土地问题的原因并非土地不足

当时在日本，对于地价上涨问题的一般观点是土地资源不足导致地价上涨。人们认为，日本是面积狭小的岛国，土地总量少，这里汇集了全世界的顶级经济活动，地价自然会上涨。

但是这种想法却有谬误。确实，日本的国土面积比起美国、加拿大或者澳大利亚等国要小得多。但是土地价格暴涨问题所涉及土地面积并非全部国土，而是被用作城市用途的土地。如果比较可居住面积，日本的土地面积并不狭小。美国虽然国土广大，但其中的可居住面积却只有一小部分。加拿大、澳大利亚和俄罗斯等国也大致如此。比较各国可用作城市地区的面积，日本并不算极为狭小。

那么，为什么日本会陷入如此严重的土地问题呢？

　　这是因为在日本，城市土地的利用率比较低。换句话说，城市土地面积没有得到有效的集中利用。即使在市中心的最佳地段，也有利用率极低的情况，而并非全都修建高层建筑进行了有效利用。这就是问题所在。

　　实际上，根据统计数据对土地容积率等进行比较就会发现，与纽约、巴黎相比，东京的土地容积率非常低。也就是说，东京不是土地不足，而是土地没有得到有效利用。

　　为什么会出现这种情况呢？

　　第一个原因是，战争时期中修订的《租地法》与《房屋租借法》强化了土地和房屋租赁方的权利。在日本，租赁土地可以享有非常强大的权利，将土地租借给别人几乎等同于失去了土地。如果没有特殊理由，所有者就不能将土地收回。因此，本来可以通过出租实现有效利用的土地，其所有者却宁愿让它闲置起来。或者对一些年代久远的旧房，房主们也会一直让它空着，直至倒塌毁坏为止。因为一旦租出去就不能随意把租客赶走，房主们宁愿空置也不愿意出租。

　　过于强大的租地权与租房权是1940年体制的产物。正如第1章第2节介绍的，在战后的日本社会，强化租地权和租房权具有重要意义。毫无疑问，它起到了平均财富的作用。然而，这些制度在战争刚刚结束的时期里有重要作用，但在80年代却变成了使拥有土地的人和不拥有土地的人之间产生巨大差距的元凶。

　　第二个原因在于，拥有土地的税收负担（固定资产税和遗产税）太低。从表面上看，税率可能并不低，但土地评估价值要远远低于市场价格。特别是城市里的农业用地的评估值，与住宅用地相比被压得很低。

虽然东京的地价高涨，但在泡沫时期，仍然经常可以看到随处都有破旧的平房（现在也偶尔可见）。不仅如此，城区里还仍然存在大量农业用地（现在也如此）。

这些制度阻碍了城市土地的高效利用，它们才是造成土地价格暴涨的真正原因。我对土地问题的这个观点，与我被借调到建设省期间曾经有很多机会与土地问题专家们进行过的探讨有很大关系。建设省的很多专家都持有类似的观点。

提出泡沫经济的警告，却被当作耳边风

我在 1987 年就曾撰文指出，"现在的地价上涨是泡沫。"这篇文章刊登于 1987 年第 11 期《周刊东洋经济临时增刊近代经济学系列》杂志上，题目叫作"因泡沫而不断膨胀的土地价格"。

我在这篇文章中指出，日本的地价上涨并非如《国土利用白皮书》或者许多人所相信的，是由于需求增加而造成的长期现象，而是由于对未来的过大期待以及金融缓和政策所引起的不伴随实际需求的暂时高涨。

据我所知，这篇文章是最早使用"泡沫"一词来形容这一时期的地价暴涨现象的。

"泡沫"这个词，很早以前就在经济史上出现过。例如 17
世纪在荷兰阿姆斯特丹就曾出现过"郁金香泡沫"，也就是郁
金香花卉的球根期货价格飙升的事件。在 18 世纪的英国则发
生过"南海泡沫事件"，也就是借进行贸易之名成立的南海股
份公司的股价异常暴涨的事件。

在期货或者股票方面存在"泡沫"的概念，但是对不动产
使用"泡沫"这个词的先例，我还没有见到。20 世纪 20 年代，
美国佛罗里达州的度假地曾经发生过地价急速上涨的情况。弗
雷德里克·艾伦（Frederick Lewis Allen）曾经在《崛起的前
夜》（ *Only Yesterday: An Informal History of the 1920s* ）一书中
描述了当时的情景，但他并未使用"不动产泡沫"一词，而是
用了将其称为"不动产热潮"。

我认为"日本的地价高涨是泡沫"的观点受到了许多经济
学家的猛烈批判。例如经济学家云集的"政策构想论坛"就在
1990 年报告当中断言"地价上涨属于正常范围"。

认为"价格引发了泡沫"，实际上意味着"市场的判断错
误"。对于经济学家来说，这是难以接受的观点。因为在经济
学理论中，"市场的判断才是正确的判断。"这也是本章第 2 节
介绍的自由主义思想的基础。因此，承认泡沫的存在无异于经
济学家的集体自杀行为。所以经济学家不甘心承认泡沫也是情
理当中的。

在报纸和杂志上，认为"地价高涨反映了日本经济的增
长，是正常现象"的观点占绝对优势。我在讨论会上阐述"现

在的土地价格是泡沫"，总是遭到强烈的反驳。

在泡沫经济正在发展的过程当中，人们很难承认它是泡沫。而要指出它是泡沫，则是一件更难的事。这是一场孤独的战斗，得不到任何人的理解和支持。

当时，我曾经警告某位政治家，"泡沫经济一旦崩溃，将会造成严重的后果。"这位被认为是自民党中最具智慧的政治家却回答我说，"哎呀，最近我的选区的地价也终于开始上涨了。"像他这样的人，居然也没有对土地价格的异常上涨感到怀疑。

我还从来没有像这个时期一样，对时代感到如此不对劲儿。

我感到"不对劲儿"，是指"明明是异常现象，但所有的人却都将其视作理所当然"的状态。土地价格不可能高到这种程度。日本的房地产开发公司竟然能够轻而易举地买下圆石滩和洛克菲勒中心，这太不正常了。然而在现实世界中，这些匪夷所思的事情却接二连三地发生，而且谁都不以为怪。

这就是我所说的"不对劲儿"。第一次强烈地感受到这种感觉就是在这一时期。

泡沫经济是 1940 年体制的垂死挣扎

现在，人们已经普遍接受了 20 世纪 80 年代后半期的地价以及股价暴涨是泡沫的观点。不过对于其形成原因，一般都认为是"过度的金融缓和政策催生了泡沫"。

金融缓和政策确实是一个重要原因。但我认为，这个时代产生泡沫经济，除了金融缓和政策之外，还有更深层的原因。这个原因就是"80年代后半期的社会已经不再需要1940年体制"的事实。

本章第1节提到，80年代，金融领域的战时体制面临着外部环境的重大变化。首先，企业变得能够在资本市场上直接筹集资金。企业通过市价发行股票、可转换公司债券或者CP等各种直接金融方式，不仅从国内市场，还可以从海外市场获得资金。

第二，企业对资金的需求已经不再像经济高速增长时期那样旺盛。正如本章第3节介绍的，企业没有资金需求，就把低息获得的资金存入大额定期存款，或者用来购买"特金"或者信托基金等金融资产。

就像本书第1章第3节以及第2章第3节介绍的，金融领域的1940年体制，是割裂日本的金融市场与国际金融市场，实行锁国政策才得以成立的。也只有这样才能够对利率实行统制。但是随着日本卷入经济国际化和自由化，战时金融体制也终于迎来了它寿终正寝的时刻。因为存在这些结构性原因，才引发了空前的泡沫经济。

面对上述经济结构的变化，金融机制原本应该从根本上进行变革。也就是以银行为中心的间接金融体系需要向直接金融体系进行软着陆。

其中尤其重要的是，包括日本兴业银行、日本长期信用银行和日本债券信用银行这 3 家银行在内的长期信用银行需要转变商业模式。长期信用银行过去的使命是通过发行金融债券筹集资金，为企业提供设备投资等长期资金支持。这些金融机构可以学习美国投资银行的商业模式，以此作为改革方向。也就是为企业提供资本市场筹集资金时所需要的各种配套服务。

当时有一部分长期信用银行已经开始尝试摸索类似业务。但是现实中，他们却并未真正实现转型，而是企图沿用过去的商业模式在新世界里生存下去。其具体表现是，全力投入到了能够最快获得收益的不动产投资事业。这就是 20 世纪 80 年代后半期日本经济的矛盾的原点。长期信用银行也与都市银行一样，通过名为"住宅金融专门公司"（简称"住专"）的子公司向房地产开发投入巨额资金。这一点将在第 5 章详细阐述。

从这个角度来看，20 世纪 80 年代的泡沫可以说是 1940 年体制作为战时经济体系尽管已经被时代宣告退场，却仍然苦苦坚持苟延残喘所造成的必然结果。

不过，当时还没有人注意到这一点。这也情有可原。因为在这以前，1940 年体制实现了日本经济的战后复兴和高速增长，也成功地战胜了石油危机。人们很难理解，在获得了这些成功之后，1940 年体制已经基本上完成了它的使命，不得不退出时代的舞台。清醒地认识到自己在历史进程中所处的位置，这确实很难。

就这样，1940 年体制开始慢慢地偏离了现实经济的发展轨道。这就是我对这一时代感到不对劲儿的原因。其当时只是一种朦胧的感觉，后来才渐渐变成了更明确的危机意识。

泡沫与 1940 年体制同时消亡

1990 年—1999 年

1　泡沫崩溃

牛顿来到了日本

美国经济学者伯顿·麦基尔（Burton Gordon Malkiel）在其著作《漫步华尔街》中写道，"对投资者来说，非常不幸的是，1990年牛顿真的来到了日本。"

本书第4章第3节提到，针对投资者"日本股价是不是过高"的疑惑，日本的证券公司回答"日本的股票市场不存在重力法则"，然而这并没有成为现实。

当时，认为"股票还会继续上涨"的不只是证券公司。1990年1月3日，日本经济新闻是这样预测的。

"以稳健的经济形势和良好的股票供求关系为支撑，日经平均股票价格将在年底涨至44 000日元左右……这是综合20位大型企业经营者对今年股票价格的预测得出的结论。"

"年底涨至44 000日元"的预测见报的第二天，也就是在年初第一个交易日1月4日，东京证券交易所的股价全面走低。这就是泡沫经济崩溃的开端。牛顿终于来到了日本。从这一天起，日本的股价开始一泻千里。

1989年12月，后来被称为"平成鬼平"①的三重野康就任日本银行总裁。三重野认为，"工薪族努力工作一辈子也买不起房的社会是不正常的，必须紧缩金融，抑制地价上涨。"他从1990年开始连续实施了金融紧缩政策。

同年3月，日本银行将基准利率上调1%，达到5.25%（第177页图4-4）。股价继续下跌，此时已经比年初下跌了20%。

一周以后，大藏省以银行局长名义下达题为"抑制与土地相关投资"的通知，实施行政指导，设定银行不动产投资上限，也就是进行了"总量限制"。

人们认为该通告能够提高融资门槛，使房地产商无法再像之前一样以土地为担保获得贷款，从而使不断上涨的地价转向回落。

然而实际上，因为大型银行的子公司"住宅金融专门公司"不是总量限制的对象，此后仍然积极投资房地产，土地价格继续上升。后文还会介绍，住专其实更侧重对房地产和非银行金融机构的投资，而非像其名称一样专门从事住宅贷款。

1990年8月，基准利率被上调至6%。同月，萨达姆·侯

---

① 鬼平是在池波正太郎小说《鬼平犯科帐》中登场的人物。专管擒拿窃盗、放火等犯罪者。鬼平这个人物以武功高强，刚直不阿而闻名。盗贼们害怕他，将之比喻为鬼。平成是日本的年号，从1989年开始。

赛因领导伊拉克入侵邻国科威特。

伊拉克和科威特均为中东的产油大国。两国之战导致原油出口受阻，人们预测即将爆发新一轮石油危机，纷纷在股票市场上抛售股票。到同年 10 月 1 日为止的 2 个月间，日经平均股价下跌 33%，降至最高值时的一半。

股价下跌，地价未降

我还清楚地记得伊拉克入侵科威特那一天的情形。当天我正要前往参加某研究会"北海道开间公寓的投资状况"的调查，在羽田机场的候机大厅得知了伊拉克入侵科威特的消息。

开间公寓正是房地产泡沫的象征。之所以进行这项调查，是因为当时类似投机十分盛行。也就是说，在伊拉克入侵科威特的时点，日本的土地价格尚未开始下跌。

1991 年 5 月，日本制定"地价税"，对一定面积以上的土地所有者征税。该法律于 1992 年 1 月 1 日开始实行，其目的与 1990 年的总量限制一样，都是要控制土地价格。这也体现了大藏省的坚决态度。

但这一系列政策并未见效。1991 年 9 月之前，住宅用地和商业用地的价格仍然持续上涨。

下跌的股价和上涨的地价，二者背道而驰的情景，更坚定了一些人"土地价格果然并非泡沫"的看法。

当时许多经济学家认为，"股票价格上下浮动，所以会发生暴跌。但土地价格与之不同。"确实，无论是在日本还是全世界，曾经多次发生过股价暴跌的情况。例如朝鲜战争期间的"斯大林暴跌"，以及 1987 年的"黑色星期一"等，股票价格都曾经出现暂时下跌。但是在土地问题上，几乎所有人都认为，日本的国土面积总量匮乏，地价不可能下跌。

针对我提出的"土地价格也产生了泡沫"，周围清一色都是反对意见，认为"即使股价下跌，地价也决不会下跌，野口的观点有误"。我依然处于孤立无援的境地。

泡沫崩溃了，才能知道是泡沫

不过从 1991 年下半年开始，地价也受到了重力作用。价格一旦开始下跌，其速度十分迅速，从 1991 年 7 月开始的 1 年期间，东京住宅用地的下跌幅度就达到了 14.7%。

后来能够使用电脑的新闻报道检索服务之后，我曾经尝试检索过日本经济新闻中使用"泡沫"一词的次数。1988 年之前，这个词每年只出现过几次。1987 年仅有一次，是与汇率相关的新闻，根本没有关于地价及股价的报道。

但是，在土地泡沫破灭的 1991 年，"泡沫"一词的出现次数一下子增至 2 546 次。1992 年更是多达 3 475 次。

随着泡沫经济的崩溃，"泡沫"的说法迅速流行起来。这究竟意味着什么？

这意味着，当人们处于泡沫之中时，是无法意识到泡沫的存在的。只有泡沫崩溃了之后，人们才能知道它是泡沫。

1991 年下半年地价开始下跌，地价是泡沫的事实才随之显现出来。

如果模仿马丁·马里亚的说法，就是"股价和地价最终像纸牌搭建的房子一样顷刻倒塌，这是因为股价和地价本来就是纸牌搭建的房子"，"股价和地价将会无限上涨的'超现实'消失了，日本站在悲惨遭遇造就的废墟之中，终于从噩梦中醒了过来。"

谁也无法预料，泡沫的破灭将给整个经济带来怎样的影响。我在那个时候，也还不知道将来会发生什么。

仍然认为日本比美国强大

1990 年股价开始下跌，1991 年地价开始下跌，但大多数日本人仍然没有意识到日本经济正在走向衰退。

继 1990 年伊拉克入侵科威特之后，1991 年爆发海湾战争。以欧美为中心的多国部队开始进攻伊拉克。日本由于宪法的制约无法派兵参战，因此作为补偿，支付了有人说是 115 亿美元，也有人说是 130 亿美元的巨额费用。当时主要发达国家认为，日本不能参与军事行动，但拥有强大的经济实力，因此理应负担这些费用。日本人则认为这也是无奈之举。也就是说，同意在经济上协助美国。

日本人的这种感觉可以从经济数据中得到证实。图 5-1 显

示了日美两国人均 GDP 的对比情况。从 1987 年起，日本人均
GDP 开始超过美国，1995 年甚至比美国高出 48%。既然差距
如此之大，那么日本人会有居高临下地"帮助美国"的感觉也
就不足为奇了。

这一时期，我与家人曾经多次到欧美旅游。伦敦梅宝尼克
拉里奇酒店等过去只有王侯贵族才能住得起的酒店，我们也可
以想住就住。

1992 年 1 月发生的一件事似乎让多数日本人更加坚定
了"日本比美国更强大"的感觉。时任美国总统的乔治·布什
（即 2001 年就任总统的小布什的父亲）访问日本，在欢迎晚宴

图 5-1　日美两国的人均 GDP 的对比

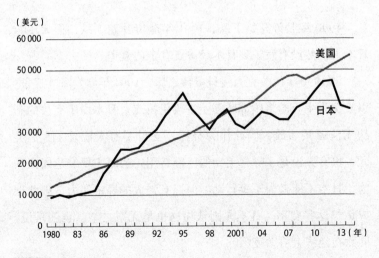

资料来源：IMF。

中途突然感到身体不适，呕吐到邻座的宫泽喜一首相腿上，从椅子上跌倒下来。

那时很多日本人的感想是，"美国总统倒下了，日本首相扶住了他。这正是当今日美关系的象征。"人们普遍认为，日本比美国更强大。我那时也是同样的感受。

2 金融机构的不良债权问题

不良债权增加

股价和地价开始下跌的 1990 年至 1991 年前后，接连发生了"伊藤万事件""富士银行非法融资事件"及兴业银行的"尾上缝事件"等多起金融丑闻。

伊藤万事件是指，在东京证券交易所上市的伊藤万公司通过绘画交易等形式为黑社会相关人员提供非法资金的事件。该公司的社长由住友银行委派的前高层管理人员担任。富士银行非法融资事件是指，该行职员伪造存款证明，从非银行金融机构获得巨额贷款，并通过包括黑社会组织在内的其他公司投资不动产的事件。尾上缝事件是指，某高级日式餐厅女老板从兴业银行等金融机构获得高达数千亿日元贷款，进行金融及不动产投资，最终因投资失败而走向诈骗的事件。

这些事件显示出金融机构与地下社会之间的联系。事件当时，只是被当作个案来处理。大藏省作为监察主管机构也简单地认为，伊藤万事件源于住友银行，富士银行非法融资事件源于富士银行，尾上缝事件源自兴业银行，都只是个别负责人员造成的丑闻。然而事实并非如此，其他企业和金融机构也存在类似问题，只不过是仍然藏在水面之下而已。

1994 年秋，东京都政府与大藏省联手对"东京协和信用组合"和"安全信用组合"进行检查，发现其存在巨额不良债权。"二信组事件"由此拉开了帷幕。

上述两个信用组合的大部分不良债权都与 EIE 国际公司有关。第 4 章第 3 节提到 EIE 国际是由高桥治则担任社长的度假村开发公司。泡沫经济时期，该公司一直以日本长期信用银行作为主要银行。但因为 1993 年泡沫破灭，公司经营状况恶化，日本长期信用银行停止了对该公司的支援。但是因为高桥治则还担任东京协和信用组合的理事长，其好友担任安全信用组合的理事长，因此该公司转而以这两家金融机构作为资金来源，继续经营。

因为这一事件，高桥在国会被当作证人接受询问，政治家及官僚接受过度款待的事实由此曝光。而且某个重大问题也被揭发出来，后文将会详细叙述。

几乎与"二信组事件"同一时期，住宅金融专门公司的不良债权问题也浮出水面。住专原本是为了专门负责为个人提供购房贷款，70 年代由银行等共同出资设立的金融机构。但是进入 80 年代以后，由于各银行主体也开始从事住房贷款业务，住专失去市场，从而将重心转向不动产投资领域。正如前文介绍的，由于不属于 1990 年限制银行不动产投资的总量限制的对象，住专在 20 世纪 90 年代之后仍然继续增加对不动产的投资。

然而，地价下跌之后，大部分不动产投资都无法收回，成为不良债权。1995 年夏，大藏省对 8 家住专公司进行调查，发现了超过 8 万亿日元的巨额不良债权。

金融机构出现了不良债权，需要在公司结算时作为亏损来处理。但如果不良债权的规模过大，超过金融机构的自有资本时，金融机构就要破产。于是贷款给这家金融机构的其他金融机构也会受到牵连，无法收回贷款，从而引发金融机构的连锁破产。

住专的不良债权数额巨大，亏损额已经超过其自有资本，陷入了破产状态。那么处理这些不良债权的负担，应该由向住专贷款的金融机构承担吗？毫无疑问，应该由这些金融机构中出资设立各家住专公司的民间银行承担这些损失。

问题在于，还有农林中央金库和各地方"信用农业协同组合联合会"（简称信联）等农林系统的金融机构也向住专提供了巨额贷款。如果这些金融机构产生巨额亏损，又可能殃及向它们出资的各地农协。农协是自民党的强大支持基础，所以政府及自民党绝不会允许对农协不利的情况发生。

这一时期，还有一件事也浮出水面。那就是，农林系统的金融机构获悉住专经营状况恶化，准备收回贷款时，大藏省曾经发话:"住专的不良债权由其母体银行承担责任,不会给农协造成损失",从而阻止了农协收回资金。

1996 年,住专问题成为国会重大问题,这一年国会被称为"住专国会"。经过艰难交涉,最终决定超出农林系统金融机构承受能力的损失,由政府投入 6 850 亿日元进行处理。

在这之后,金融机构的不良债权问题接二连三被发现。1997 年 11 月,三洋证券和北海道拓殖银行陷入破产状态。

山一证券破产

1997 年 11 月,山一证券公司也出现了问题。该公司向大藏省汇报,存在高达 2 600 亿日元没有记入资产负债表的潜亏。当时山一证券的自有资本约为 4 000 亿日元,亏损额已经超过资本的一半以上。

为何会产生如此巨额的亏损? 这与被称为"营业特金"的机制有关。营业特金是指,客户企业将资金托付给证券公司,由证券公司完全负责投资运营。因为资金的运用完全由证券公司决定,证券公司可以赚取大量交易手续费。与此同时,客户企业的收益也能获到保证。在类似交易中向客户承诺保证本金和收益的做法属于违法行为,但营业特金却默许承诺保证本金。因此双方一拍即合,本金保证被称为"饭团"。

进行投资运用在股价下跌时就会发生亏损。然而证券公司实际上却已经承诺保证本金。那么办? 本来证券公司应该做的是，公开资产运用的亏损，进行财务上的处理。

开展营业特金业务的并非只有山一证券，其他证券公司也有类似业务。在股票价格下跌时，它们都面临同样的问题。其他证券公司的处理办法是，将价格下跌导致的亏损计入公司亏损，或者公开部分损失，要求客户企业也承担部分损失。

但是山一证券隐瞒了亏损，选择全部由自己承担。

为此，山一证券采用了"表外化"的方法。即山一证券向关联企业提供贷款，将价格下跌产生亏损的股票按照当初的买入价格卖给关联企业。通过这样的办法，山一证券将损失转嫁给关联企业，从而隐瞒了自己的亏损。

虽然这样解释听起来很简单，但实际操作却非常复杂。很多粉饰作业需要运用金融衍生品等高难度的金融工学。可以说正是因为山一证券的员工非常优秀才能做得到。在接到山一证券的汇报以前，大藏省也没能看穿其中的玄机。

山一证券拥有如此优秀的员工，却选择依靠营业特金来赚取手续费，这实在让人惋惜。如果将技术与实力运用在正路上，山一证券肯定能成长为类似于美国的投资银行的机构。把先进的金融工学用来隐瞒亏损，只能说这是一个悲剧。

1997 年 11 月 19 日，山一证券的野泽正平社长接到证券局局长长野庞士下发的自主停业建议，于下一周正式宣布停业。此时距离北海道拓殖银行宣布破产才仅过了 9 天。

日本长期信用银行破产

北海道拓殖银行和山一证券等大型金融机构接连破产，导致整个日本社会笼罩在"下一个会是谁"的恐慌气氛之中。其中最受人们关注的是日本长期信用银行（简称"长银"）。

长银自 1952 年设立以来，一直是超级精英集团。大学毕业如果能进入长银就职，将是极大的荣誉。若非格外优异的学生是不可能被录用的。长银受到欢迎主要有两个原因。

第一个原因是不必为招揽存款而发愁。如果在一般的都市银行就职，新职员都要为了拉存款而不得不骑着自行车跑客户。但长银等长期信用银行通过发行金融债券来获取资金，不需要招揽存款。无须请求普通客户或者公司来存款，长银只要把金融债券卖给地方银行就能获得资金。

另外，长银所筹集的资金主要用于向需要进行大规模设备投资的核心产业提供贷款，所以对核心产业处于优势地位，退休后还有望空降到这些企业。

但这种情况在经济高速增长时期之后出现了很大变化。正如第 4 章第 3 节介绍的，长银需要改变原有的商业模式。为此必须付出艰苦的努力。但长银为了更轻松地获得利润，开始投资不动产及度假地的开发事业。

不动产泡沫破碎之后，这些投资纷纷变成了不良债权。1991 年底，长银内部确定整个集团不良债权超过 2.4 万亿日元。高层管理者们没有将其作为亏损处理，而是隐瞒了这一事实。其方法与山一证券相同，长银设立下属公司，将不良债权"表外化"。具体做法如下：

当投资变为不良债权，长银设立的下属公司按照账面价格购买借款方当初作为抵押的土地，让借款方以此还清贷款。下属公司向长银贷款，获得用来购买土地和建筑房屋的资金，在买来的土地上建起公寓出租出去，用租金向长银偿还贷款利息。通过这些操作，长银将不良债权成功地转化为自己对下属公司的健全债权。

乍一看，问题好像被奇迹般地解决了，然而事实并非如此。仔细思考可以发现，下属公司在收购土地时所支付的高价与泡沫破灭后的低价之间的差额是多少，就产生了多少亏损。

在山一证券宣布破产的 1997 年 11 月，鉴于不良债权和股价下跌的压力，舆论认为长银难以度过 1998 年 3 月底的结算。因此自民党在 12 月底，紧急公布了向所有金融机构注入 30 万亿日元的救助计划。长银从中获得 1 766 亿日元资金用来充实自有资本。但长银之后依靠什么业务来维持生存这个根本问题，依然没有得到解决。

长银为了继续从事国际业务，曾计划依靠瑞士银行的援助来补充资本。但是 1998 年 6 月初，讲谈社的《月刊现代》杂志刊载了关于长银"表外化"操作及其经营危机的独家报道，导致长银股价骤跌。与瑞士银行的合作计划也因此泡汤。

6 月下旬，长银方面突然宣布了与住友信托银行进行合并的消息。但后来发现，实际上两家银行尚处于未达成协议的阶段。在 7 月的参议院大选中，执政党自民党大败，在股票市场整体走低的形势下，长银股价跌破面值。

当时我曾经问过在长银工作的朋友："到底会怎样呢？"朋友若无其事地回答："已经不可救药了。"他的淡定态度倒让我大吃一惊。

长银与住友信托银行的合并计划也破产之后，在从 7 月到 10 月召开的临时国会上，长银救助问题成了最大课题。最终决定，长银实行暂时国有化。另外一家长期信用银行日本债券信用银行也于 1998 年 2 月实行暂时国有化。

处理不良债权给国民带来了 10 万亿日元负担

自从住专问题之后，政府为解决不良债权问题提供了大量救助。不过住专之后的救助都采用了民众极难察觉的方式。

长银实行国有化，接受了为期 18 个月的特别公共管理。在此期间，政府对其投入了总额超过 6.95 万亿日元的救助。加上对蓝天银行（原日本债券信用银行）的救助，合计超过 11 万亿日元，其中 7.76 万亿日元被确认为亏损。也就是说，为了这两家银行，国民承受了如此巨额的负担。

为了处理包括这两家银行在内的所有破产金融机构的不良债权问题，截至 2003 年 3 月底，国民负担高达 10.43 万亿日元。平均国民每人负担 8 万日元。按照一家五口来计算的话，就是每个家庭负担了 40 万日元。

　　但是这个事实并没有在社会上引发任何疑义。在处理住专问题时，民众得知投入 6 850 亿日元救助时，立即强烈抗议："为什么要使用国家经费来救助民间企业？"大藏省事务次官因此被迫辞职。但是对高达 15 倍以上的 10 万亿日元的国民负担，却几乎没有人提出质疑。这是为什么呢？

　　答案是，此次政府投入资金采用了国民难以发现的方式。在处理住专问题时，因为国民负担金额明确地列在一般会计预算当中，所以引发了强烈不满。但在对住专以后的金融机构进行救助时，救助资金并没有通过一般会计进行处理。这些救助是通过存款保险机构运用存款保险制度进行的。

　　根据存款保险制度，为了防止银行破产导致储户蒙受损失，要求各银行预先计提保险费，以防万一。政府利用这一机制，通过存款保险机构投入资金进行破产处理。这样一来，国民就无法了解所投入的资金当中到底有多少是属于国民负担的了。

　　为了处理长银、日本债券信用银行等破产银行的善后问题，政府投入了总计 40 万亿日元以上的救助资金。5 年后的 2003 年，人们得知"40 万亿日元资金当中，有 10 万亿日元无法收回，最终成为国民负担"，但这时已经时过境迁，人们也早已忘了当年的情况了。

　　2008 年美国金融危机爆发时，美国政府也同样动用了财政资金来防止金融机构破产。这部分资金被明确记入联邦政府财政支出。

　　当然这一措施也引发了激烈争论。不过金融机构在一年之后就还清了此时接受的大部分资金。

美国之所以能如此迅速处理，是因为日美两国的金融结构不同。在美国，直接金融占有核心地位，主要依靠市场筹集资金，一旦发生信用危机，相关机构很快就会因资金周转困难而破产。因此，金融机构陷入经营危机，就必须立即采取措施，否则信用危机会在短时间内迅速扩大，局势将变得无法收拾。

2008 年金融危机时，有一些人说，"日本曾经处理过不良债权问题，日本的经验是不是能传授给美国？"要知道，日本花了整整 10 年才解决这个问题，而美国只用 1 年就摆脱了困境。还说日本"教一教美国"，我真不知道该如何作答。

约 100 万亿日元无法收回

随着地价下跌，日本的土地资产价值大幅缩水。日本不动产研究所的土地价格指数变化显示，20 世纪 90 年代初日本地价指数为 270 左右，到了 2004 年降至 70 左右，14 年间下降到当初的三分之一以下（第 194 页图 4-5）。除城镇以外，包括耕地、山林等在内的土地资产总额由 1990 年的 2 452 万亿日元降至 2004 年的 1 245 万亿日元，几乎减少了一半。

当然这只是数值上的计算，并不代表日本实际失去了这么多资产。高价购买了土地的人后来因为地价下跌蒙受了损失，但当初把土地卖给他的人却获得了收益。

不良债权也是同样的道理，虽然债权方遭受了损失，但借款方却被免除了债务。所以从整个日本来看，亏损和利润是相抵的。

但是毫无疑问，高价买进土地或者无法收回贷款的人确实蒙受了损失。而且为了救助这些人，政府还投入了资金。那么这个意义上的负担金额是多少呢？

为了处理破产金融机构的问题而投入的救助资金当中，毫无疑问，最终未能收回的 10 万亿日元是由国民负担的。

除此以外，还有银行作为亏损处理的部分。根据金融厅的资料，全国银行的不良债权处理总额在 1992 年到 2006 年期间达到 96.78 万亿日元。四舍五入就是 97 万亿日元。银行未能收回而不得不作为亏损处理的金额有如此之多。

不良债权处理在税收方面的问题

但是银行将不良债权作为亏损处理，与作为"坏账损失"在计算法人税应纳税所得额时扣除，是不同的两回事。

按照日本的税收制度，在债务人未破产的存续期间，原则上不能将对其的不良债权认定为坏账损失。也就是说，只是由于债务人陷入经营困境而无法收回贷款，在计算应纳税所得额时是不能扣除的。只有在债务人破产的情况下，不良债权才能被认定为坏账损失。

而且根据不良债权核销证明制度，金融机构在处理不良债权时，必须事前获得大藏省金融检查部的许可。

这个原则主要是为了防止有公司将不良债权恶意用作逃税的借口。例如银行向某企业提供贷款，企业声称"无法偿还"。如果银行决定将其作为坏账损失处理，在计算法人税应纳税所得时作为坏账损失扣除的话，银行就可以通过这个决定轻易地实现逃税。为了防止这种通过操作来恶意逃税的行为，税法规定禁止将对尚未破产企业的不良债权简单地认定为坏账损失进行处理。与将不良债权计作坏账损失相比，不作为坏账损失处理时的应纳税所得更多，因此应该交纳的法人税也更多。这种情况叫作应纳税核销。

税法的上述原则构成了处理不良债权的障碍，导致出现了不良债权迟迟未能处理的问题。

1997 年，为了推进不良债权的处理，不良债权核销证明制度被废止。从银行来看，将不良债权作为坏账损失处理，应缴纳的法人税会减少，也就是能够实现免税核销，于是开始积极处理不良债权。此项措施加速了不良债权的处理。

前文介绍的总计 97 万亿日元的不良债权当中，应纳税核销与免税核销各占多少比例不明。但大部分应该都是通过免税核销的方式进行处理的。假设全部为免税核销的话，这 97 万亿日元按照法人税实际税率计算出的金额，就是银行少缴纳的法人税金额。

当时日本法人税的实际税率约为 40%，乘以总金额 97 万亿日元，也就是 39 万亿日元。因此法人税的税收减少了约 39 万亿日元。20 世纪 90 年代以后，日本法人税的税收急剧减少，这也是其中的重要原因。这部分损失最终还是由国民负担的。

我并不是说扩大免税核销范围的措施不对。为了加速不良债权的处理，扩大免税核销的范围确实是一种选择。但这样的话，就应该明确说明政策需要变更，为此修改相关的法令。如此重要的问题，必须符合程序才能被人们所接受。

但是，日本在决定扩大免税核销范围时，却没有通过任何程序。免税核销的范围扩大到多少也完全是依靠自由裁量来决定。税法上禁止的事情，通过自由裁量予以许可，这种做法有违宪法规定的租税法定主义这一重要原则，属于十分严重的问题。我曾经在公开场合指出过这一点。

但遗憾的是，我的观点受到了极大的压力。而且我最为遗憾的是，他们只能对我施加压力，却找不到任何理论依据。直到最后，我提出的问题也没有引起广泛重视。

每逢重大问题，政府必须公开其发生的原因和处理的过程，并且进行充分的讨论。后世的人们也可以由此学到有益的经验。然而对泡沫经济的善后处理，却并没有这些过程。超过40万亿日元的救助资金当中，有10万亿日元无法收回，法人税收入减少了39万亿日元，我们却没有讨论过这些情况的原因、过程以及是非对错。

当前的情况也与此颇有相似。

在异次元金融缓和的名义之下，日本银行购入了史无前例的巨额国债。将来如果国债贬值，日本银行极有可能产生亏损。这种情况下的损失是要由国民来承担的。但是关于这件事，却没有展开任何讨论。

当政策可能给国民带来巨大负担时，必须以明确的方式向国民说明，并充分地议论其是非正误。然而政府的做法却是不动声色地实施，以含糊暧昧的形式蒙混过关。这一时期对泡沫经济的处理方式，就是一直延续到今天的金融缓和政策的恶习的原点。

3 陷入混乱的大藏省

大藏省丑闻

1995 年"大藏省丑闻"曝光，大藏省因此陷入大乱。我的许多朋友和前辈也被卷入了这场骚动。

事件始于 1995 年 3 月 EIE 公司社长高桥治则作为证人被国会传唤。高桥在众议院预算委员会上披露了曾用私人飞机招待东京海关总长田谷广明到香港旅游的事实。高桥与主计局次长中岛义雄的交友关系也被公之于众。田谷和中岛二人因此受到大藏省警告处分，之后辞职。

从此以后，大藏省的丑闻就像打开了潘多拉的盒子，一件接着一件地被揭发出来。其中最具有代表意义的是"无内裤火锅店"一词。把这个词写进本书实在有伤大雅，它指的是银行的"MOF 担当"用来招待大藏省官僚的色情火锅店。我认为大藏省正是被这个词彻底击垮的。

大藏省官僚接受招待的事件以前也曾经有过。例如 1979
年日本铁道建设公团在高级日式餐厅招待大藏省官僚的事件。
再往前还有 1948 年的昭和电工事件，时任主计局局长的福田
赳夫还曾因此被逮捕（1958 年被判无罪）。

这些事件虽然也都成为重大问题，但还不至于动摇大藏省
这个组织的根基。也可能是因为"铁道建设"和"电工"这些
词没有那么大的冲击力吧。然而在 1995 年的丑闻中，大藏省
官僚接受招待的色情场所的名字，使大藏省彻底失去了社会的
信赖。名字具有至关重要的决定性作用。

在考虑 1940 年体制的问题时，大藏省失信于民这件事具
有相当重要的意义。因为 1940 年体制从本质上讲，就是不通
过市场竞争来分配资金，而是由有关部门进行配给的体系。国
民相信"公平地进行分配"，是其存在基础。一旦失去国民的
信赖，这个体系就面临崩溃。

我向来十分讨厌接受招待、参加晚宴（包括高尔夫）等活
动。我去美国留学时期，正是与我同年代的人们担任税务署长
的阶段。虽然对管理者来说，税务署长的职位是积累经验的重
要机会，可如果当了税务署长，就再难以推脱各种招待晚宴。
我就是因为这个原因，才选择了去留学。

我留学回国，在证券局业务科负责证券公司的相关工作，
是在泡沫经济的 15 年之前。20 世纪 90 年代，证券局也有职
员被逮捕。但我在那里工作期间，一次也没有接受过有关单位
的招待。大概是堆在桌上的《美国经济评论》发挥了作用吧！

不过如果是在 15 年后的泡沫经济时期在证券局任职，可能我也无法做到从不参加晚宴。没有在那个时代身处那个场合，对我来说是一件幸事。

回顾过去，我也曾经无法彻底抵制当时的环境。例如大藏省职员一起去吃午饭，之前都是大家交纳会费充当餐费，可是某一天起，就变成了谁都不再付会费了。也就是说，有别的什么人替我们付了餐费。我也再没交过会费，大家都不交，我也没有坚持自己交费。所以有时"环境"真的很可怕。

从大藏省辞职的中岛义雄也是日比谷高中毕业的，还和我一样都是在母子家庭长大，所以我一直对他感到很亲近。当媒体报道中岛的丑闻时，我还无法接受这个事实，暗自认定"不可能有他们报道的那些事，一定是哪里弄错了"。所以对于他的引咎辞职，我有一种遭到背叛的感觉。

这就是当初刚进大藏省时，高木文雄秘书科长教导我们新职员们"绝对不要做"的事。卷入大藏省丑闻的官僚们越过了不该越过的这条界线。

大藏省的名称不复存在

2001 年 1 月，名为大藏省的政府部门消失了。大藏省被拆散，金融业务由金融厅接管，税收财政业务由财务省接管。这是中央政府部门重组的一环，现在的内阁府、总务省和经济产业省等部门就是这时设立的。

实际上与我同届的职员中，也有人以前就曾经指出，"大藏省中不应该设置银行局和证券局。"因为"这些负责监督的业务有风险，容易产生官商勾结。大藏省就应该专门负责税收财政业务"。在实际发生问题之前，就有人具有这种危机意识。

从这一点上讲，大藏省被拆分为财务省和金融厅这件事本身并不是太大的问题。与此相比，大藏省的名称不复存在的影响应该更大。因为，名称很重要。

"大藏"这个政府部门的名称，是一个不属于日常用语的特殊词汇。欧美国家的议会或者政府的实权部门也有采用非日常用语作为名称的情况。

例如，美国众议院中最有权力的是决定税收制度的筹款委员会。该委员会的英文名称为 Committee on Ways and Means，而非 Revenue Committee。Ways and Means 表示"方式"，并不是日常用语。

在日语中，将"大藏"这一非日常用语作为政府部门的名称，也具有提高该部门威信的作用。把这个名称改为财务省、金融厅等普通名称，在这个意义上也就意味着剥夺了其特权。

不过，如果继续深究的话，此次改名并不够彻底。因为主计局和主税局的名称没有改。这两个名称也属于非日常用语的特殊词汇。主查和主计官也同样如此。"当上主查或者主计官"具有特殊的含意，与"当上副科长或者科长"具有完全不同的意义。

还有一个小插曲，在讨论中央政府部门的重组时，有人提出，"大藏省是日本自从平安时代成为律令国家以来一直沿用至今的传统用语，不可以随意更改。"这个观点其实是错误的。日本作为律令国家，确实曾经设置了名为大藏省的政府机构。不过那是管理国有财产的部门，而掌管更重要的税务实权的则是民部省，而非大藏省。

所以大藏省真正成为拥有庞大权力的政府部门，是明治维新政府以后的事。大藏省并非"自平安时代以来，延续了1 000年以上的古老名称"，而应该说是"自明治维新以来延续了100年"。

排除政治上的人事干预

关于大藏省这个政府机构，还有一个特殊之处。那就是政治家无权干涉其人事任用事宜。

不过也有例外。就是1962年田中角荣担任大藏大臣，获得官僚信任和拥戴的那段时期。大藏省在传统上与宏池会（由大藏省出身的政治家们组成的政治集团）联系紧密，但这一时期却出现了一批与田中角荣关系密切的官僚。

其中之一就是当年录用我的高木文雄。高木那时正处于对事务次官职位的角逐之中，他作为主税局局长是第二候选人。第一候选人是主计局局长桥口收。二人的事务次官职位之争得到了社会的广泛关注。因为桥口与福田赳夫关系密切，而福田赳夫创立了反对宏池会的清和会，是田中角荣的政敌。所以田中派的高木与福田派的桥口之争被看作田中角荣与福田赳夫之间的代理之争，成为媒体再好不过的题材。

竞争即将分出胜负之时，首相是田中角荣。按照大藏省的惯例，本来应该是担任主计局局长的桥口收依次升为次官，但这次却是主税局局长高木当上了事务次官。显而易见，这后面有田中首相的影响。

高木就任新一届事务次官之后，立即在当年的预算编制中为田中效犬马之力。在需要抑制总需求的经济形势之下，虽然田中招牌政策中与列岛改造计划相关的预算被删除，但大幅提高应纳税所得扣除上限的所得税大减税政策却获得了通过。

不过在这之后，政界并没有继续干预大藏省的人事任免。

田中内阁以后的大藏省成功地阻隔了来自政界的影响。这主要归功于 1975 年继高木之后任担任事务次官的竹内道雄和 1979 年就任事务次官的长冈实。二人都具有强烈的危机意识，认为"如果政治家插手主管预算编制及税收制度的政府部门人事，将会产生严重问题。"

被命运捉弄的人们

回顾战后的历史，不难发现到这一时期为止，时代的主角都是比我年长的人们。

20 世纪 50 年代的战后复兴，是由那些我只能通过资料有所了解的人们担任主角来推动实现的。60 年代的经济高速增长时期，主人公也都是比我们年长很多的上一代人，我们只是给他们做个帮手。

在 20 世纪 80 年代后半期的泡沫经济时代，我们这代人终于成为时代的主角。我的朋友、之前的同事、比我稍微年长的人们、我在大学里教过的学生们，都在政府机构、金融机构或企业里处于主导地位，或者直接工作在第一线。

因此，我得以目睹了一些熟人被卷入事件的漩涡，遭受命运捉弄的情形。

无论是破产倒闭的日本长期信用银行，还是被重组整改的都市银行，都有我教过的学生在那里工作。他们当中，很少有人从毕业入职到现在仍然工作在同一个名称的单位里。大家都被卷入了时代的滚滚激流。

这些人当中，我特别想在这里介绍两个人。

第一位是第一劝业银行的前会长宫崎邦次先生。

我是在某个定期举行的会议上认识宫崎先生的。他当时已经是该银行顾问，极具人格魅力。既坦率又亲切，你完全无法想象他曾经身居高位，担任过银行的行长和会长。我这样说可能不太恰当，他就像一位穷苦山村的老村长，感觉非常朴素和诚实。

就是这样的宫崎先生，他于 1997 年 6 月自杀身亡。这个消息极大地震撼了我。

在那一个月之前，第一劝业银行曾向专门在股东大会上敲诈勒索的"总会屋"提供利益的事件被曝光，其背后体现了第一劝业银行与黑社会之间的多年关系。这大概就是宫崎先生自杀的原因吧。其实在他担任第一劝业银行行长的 20 世纪 90 年代，其他银行以及银行之外的许多企业都与黑社会有着密切关系。

宫崎先生很喜欢电影，听说他曾经说过："下辈子想当电影评论家"。这是他憧憬一生的梦想。我曾经想过什么时候跟宫崎先生聊聊电影的话题想必会很开心，可是我的这个梦想终究未能实现。

还有一位是日本债券信用银行的最后一任会长洼田弘先生。

洼田先生曾在大藏省担任理财局长和国税厅长官，以博览群书著称。许多人喜欢他温厚且诚实的性格，我也是其中之一。

1998 年 12 月，包括洼田先生在内的 3 名日本债券信用银行前高层管理者因为涉嫌会计作假违反证券交易法而被逮捕，2004 年 5 月被东京地方法院判决有罪。接下来在 2007 年 3 月，二审同样判决为有罪。

包括我在内，很多人无法认可这个有罪判决。因为在洼田先生到日本债券信用银行担任行长的 1993 年，该银行已经处于四面楚歌、走投无路的状态。洼田先生其实只是受托来收拾烂摊子而已。

如果要追究导致日本债券信用银行破产的元凶，我认为是颖川史郎先生。他于 1982 年担任该行行长，1987 年就任会长，曾经下达扩大投资的豪言壮语:"黑社会也没关系,没有担保也没关系,反正一定要把钱贷出去。"但是,颖川先生因为时效已过而被免除刑事起诉。据说1997年他退休时得到的退休金大约为6亿日元。

日本长期信用银行的情形也大致如此。在泡沫破灭后的银行破产问题上,真正导致银行破产的人们并没有被问罪。反而是洼田先生等人被迫当了替罪羊,遭到逮捕。

洼田先生后来上诉到东京高等法院,终于赢得了无罪判决。但那时他已经身患重病,几年后就去世了。

制造业日落西山

在泡沫破灭的影响开始体现出来的20世纪90年代后半期,日本接连发生了多起社会性事件。

1995年1月,关西地区发生阪神大地震。同年3月,奥姆真理教制造了"地铁沙林毒气事件"。这是以麻原彰晃为教祖的日本新兴宗教团体奥姆真理教在东京地铁站内散布损害大脑神经的沙林毒气,导致十多人遇难、约6 300人受伤的恐怖事件。

金融动荡之余,类似事件频发,日本与1973年第一次石油危机时一样,笼罩在"日本已经不行了"的末日论之中。20世纪80年代还如日中天的日本,仅仅10年之后就陷入了如此困境。

不过，正如本章第 1 节提到的，虽然泡沫已经破灭，但一般人仍然认为日本很富足。1995 年社会的氛围已经有了很大改变，但人们仍然远远没有准确地掌握这些变化的本质。

20 世纪 90 年代，正当日本为了收拾泡沫破灭的残局而自顾不暇时，世界经济形式发生了重大改变。下一章将会详细介绍，面对于周遭环境的剧变，日本的产业，特别是制造业，未能采取适当的对策。这是因为，从事制造业的人们没能认识到，日本经济正面临着重大的条件变化。1992 年，我在《泡沫的经济学》一书的结尾写道："泡沫虽然已经破灭，但日本的制造业依然很强大。"相信许多日本人在这一时点也持有与我相同的想法。现在回过头来看，这个观点是错误的。日本的制造业当时面临着比泡沫破灭更为严重的根本问题。

第 4 章介绍《美国制造》一书时，我曾指出研究者们完全没有看清日本与美国的制造业的未来。然而我自己也犯了同样的错误。

日本的股票价格于 1989 年底达到历史最高点，土地价格于 1991 年中期达到历史最高值。不论是股价还是地价，直到今天还没有恢复到当时的水平。后文还会提到，不仅是股价和地价，日本的工资和实际汇率等多项经济指标也都没有恢复到 20 世纪 90 年代的最高水平。

但美国的情形却完全不同。为何会出现这样的差异，下一章将对此展开探讨。

第 6 章

前进中的世界把日本抛在了身后

1980 年—

1 德国统一前后

留有社会主义痕迹的原民主德国

20世纪80年代末，日本正在为泡沫经济而奔忙时，世界开始发生剧变。

其中之一是社会主义阵营的瓦解。正如第4章第2节提到的，1989年11月柏林墙倒塌。

大约在德国统一的1年之后，我乘车从汉堡到柏林旅游。本来要去的是柏林，但我想趁机去原民主德国地区转转，于是就在汉堡下了飞机。我在汉堡租了一辆汽车独自开到柏林。回程又驾车从柏林前往法兰克福，再从法兰克福坐飞机回国。

英语把这种开会时顺便实现的旅游叫作"会议中好的一半"（better half of the conference）。例如说去英国开会，回程顺路去一趟意大利，机票价格也不会变，所以我经常这样绕道旅行。

这一时期，原民主德国地区还留有许多社会主义时代的痕迹。越过原来的边境线，最先看到的是检查站和监视塔的遗迹。路上去了高速公路的服务站，这里与原联邦德国的不同让人大吃一惊。原联邦德国不论哪里的公共厕所都很干净，而原民主德国的公共厕所却非常肮脏。连道路标志也是，联邦德国一边的都很漂亮，而民主德国这边的又旧又脏。还有石砌的马路，也仿佛从马车时代就一直没有修过。

住进饭店，发现这边的饭店床很小，窗子很高，给人的印象就像监狱一样。去餐厅吃晚饭（还是入选米其林指南的餐厅），等了一个多小时饭菜也不来。

但是也有好的方面。例如这里有以前的萨克森－魏玛－艾森纳赫（Sachsen-Weimar-Eisenach）公国的首都，因歌德曾在这里担任宰相而闻名的魏玛。当时这座城市还几乎没有什么游客，所以可以观赏到让人联想起歌德时代光景的美丽公园。几年之后我再来时，这里已经彻底商业化，让人非常惋惜。

德累斯顿基本上已经从第二次世界大战后的废墟恢复了原貌，但市中心有名的圣母教堂还仍然是断壁残垣。

这一时期，在原民主德国地区还有残留的苏联士兵。我心想万一他们发起暴动可就糟了，对此还很担心。不过后来才知道，苏联士兵没有撤走的原因是铁路的输送能力不够，没有列车运送他们回故乡，以及苏联国内也没有收容返乡士兵的宿舍。士兵们滞留德国并非苏联为了保持对德国的影响，而是暂时还没法回去。那时的苏联已经衰退到如此地步。

勃兰登堡门附近有很多游客，路边有很多小小的摊位，出售皮带、皮带扣等苏联士兵的私物。可能是撤走的苏联士兵卖给他们换取零花钱的吧。

墙倒湖现

这次旅游的几年之后，我去波茨坦参加了一个研究会。

冷战时期，我在参加西柏林会议时去参观过民主德国的波茨坦。第二次访问这里，我有了许多新发现。

首先使我深感意外的是，从柏林到波茨坦其实非常简单。以前这段路程光是通过检查站就花了 2 个小时的时间，而现在坐电车还不到 30 分钟（柏林到波茨坦之间是欧洲大陆最早通火车的地方）。

还有一件吃惊的事，波茨坦竟然有一个美丽的湖泊。以前来时并没有看到这个湖。我觉得奇怪，就向一同参加会议的德国学者请教，他的回答更令我惊讶不已。原来冷战时期，民主德国为了防止市民从这里游往西柏林，就用围墙把这湖围了起来。

湖的附近过去原本是高级住宅区，民主德国时期由苏联秘密警察克格勃接管过来，当作宿舍使用。我第二次去时，这些房屋正在办理归还原主的手续。

召开研讨会的酒店前面有一条路，据说在柏林墙被推倒以前，每天都会有苏联的坦克在这里巡逻。

这次研讨会的参加者中，有一位德国教授与我同龄。他告诉我第二次世界大战末期，他和母亲一起冒着生命危险从东部地区逃了回来。听了他的经历，我强烈地感到："他与我是同一代人"。像这样的话题，与美国人是无法交流的。

然而没有出现"德国的时代"

那时，我曾经以为"今后就要变成德国的时代了"。

因为在奥运会上，联邦德国与民主德国的奖牌数量加起来是世界排名第一。如果两德实现了统一，那么在经济上也会成为德国的时代吧。我对德国朋友讲了这个想法，他们的反应却是"不会变成那样"。

确实，没有变成那样。这是为什么呢？

首先，重建落后疲软的民主德国的经济造成了沉重的负担。即使只是将石子路改建为柏油马路，将高速公路的标识牌整修一新也会造成巨大的财政负担，将社会主义经济体制变为资本主义经济体制，其实就是要彻底改变餐厅里花一个小时也拿不出饭菜的工作人员的工作态度。联邦德国为此不得不付出难以想象的努力。

还有比这更根本的原因在于，德国的产业结构未能适应其后已经发生了巨大改变的世界经济环境。这与日本面临的问题相同。到 20 世纪 70 年代为止一直十分强大的经济体制已经跟不上 80 年代、90 年代的世界经济的变化脚步。不论是日本还是德国，都未能适应新的世界经济的环境变化。当时，这个情况还不是十分明显。还要更久之后，人们才能清楚地认识到这一点。

2 中国成功实现工业化

北京站的一幕

这一时期，中国也发生了巨大变化。传统的农业国家开始迈上工业化发展的道路。

1995 年 3 月 20 日，东京发生地铁沙林毒气事件的那一天，我正在北京。这正是北京新旧交替、日新月异的时代。很多地方还能看见保持着过去风貌的胡同。北京这时还没有进入汽车时代，上下班高峰时段，路上挤满了自行车。

当时我在北京站还目睹了车站里人满为患的光景。很多人干脆把垫子或者棉被铺在地上，住在了这里。

他们都是来自农村的"农民工"，来北京打工却没有找到合适的工作，没有地方，就来到车站，住在这里。他们人数之多，挤得都找不到落脚的地方。

正如第 1 章第 1 节提到的，现代化的建筑物聚集大量平民而成为废墟的情形，是我的噩梦之一。因为这会让我想起第二次世界大战结束不久后的东京。在北京目睹的这一幕，给我留下了深刻印象。

在过去，中国的农村人口和城市居民是严格区别的，人们不能随意迁移到其他地方。但是随着工业化的发展，对劳动力的需要急剧增加，因此限制政策逐渐缓和，来自农村的劳动力开始大量涌入城市。这以后中国便开始以惊人的速度向着工业化发展突飞猛进。

国有企业改革步入正轨

中国的工业化发展始于 1978 年。邓小平在十一届三中全会上，提出改革开放、发展现代化的方针，政策发生了历史性转变。从此以后，中国进入了一个全新的时代，"改革开放"成为其基本路线。

为了发挥市场对经济的调节作用，中国政府于 1979 年在深圳、珠海、汕头和厦门设立了经济特区，于 1984 年在上海、天津、广州和大连等地设立了经济技术开发区。这些区域积极吸引来自华侨和欧美国家的投资，推动经济发展。

不过这一时期的改革开放还只是在政治领域提倡，经济形态上尚未出现显著变化。当时的国有企业也还具有社会主义体制下的共同问题。

到了 90 年代中期，中国开始推行国有企业改革。过去，

几乎所有的产业都是由国家经营，但改革推动核心产业的大型
企业在国家掌握主导权的基础上，作为股份公司上市。其他企
业也开始实行民营化。

改革政策取得成功，使中国的产业获得了活力。钢铁产量
是衡量重工业化进度的指标，1995 年中国钢铁产量约为 1 亿
吨，与日本大致持平。之后中国的钢铁产量迅速增长，很快就
超过了日本。2014 年中国钢铁产量高达 8.2 亿吨，在世界市场
上占有绝大部分份额。继钢铁产业之后，中国的汽车制造业也
从 2000 年开始真正发展起来（第 78 页图 2-3、第 164 页图 4-1）。

高新科技企业诞生

20 世纪 90 年代末，在家用电器、IT 及汽车等领域，多家
新兴企业陆续在中国诞生，并成长起来。

家用电器行业的海尔集团、计算机行业的联想集团实现了
飞速发展，通信设备领域的华为技术公司以其卓越的技术开始
为世界所知。

在互联网方面，也诞生了经营电商业务的阿里巴巴和做搜
索引擎的百度等多家创业企业。

在汽车制造行业，中国过去主要依靠国有企业与俄罗斯的
技术合作进行生产。80 年代以后，以中国三大汽车制造公司
之一的上海汽车与大众汽车公司的合作为开端，90 年代陆续
诞生了多家与海外合资的企业，它们通过吸收国外先进技术获

得了快速发展。目前中国汽车生产厂家超过 100 家，汽车制造台数也在 2009 年超过日本，成为世界第一（第 164 页图 4-1）。

值得注意的另一个潮流，是一些接受委托组装电子产品的 EMS（Electronic Manufacturing Services）企业的发展。目前世界最大的 EMS 企业富士康公司是中国台湾鸿海精密工业公司在中国大陆设立的工厂，因为承担苹果公司产品的最后组装工作而闻名。据说其员工人数超过百万，以超越常识的规模进行大量生产。

如上所述，中国制造业在各个领域都获得了发展。随着中国成为世界工厂，世界经济也发生了巨大的变化。

在 20 世纪 90 年代，一般日本人对中国的制造业恐怕只有"依靠廉价劳动力，模仿发达国家产品，大量生产廉价劣质产品"的印象。即便现在，恐怕认为"中国的技术很了不起"的人也并不太多。

但现实已经发生了重大变化。中国的生产厂家正在投入远远超过日本同行的巨额研究费来推进产品开发，在世界各国设立研究基地来促进技术发展，在技术上也已经开始赶超日本企业。

例如 2011 年东日本大地震导致的福岛第一核电站事故中，在向原子炉注水时，使用了被称为"大长颈鹿"的巨型起重机。这就是中国的机械设备厂家三一重工制造的。日本制造不出来的东西，中国却能制造。不过大多数日本人并不喜欢这个事实，日本的媒体也没有对此做太多报道。

3　IT 革命为经济活动带来重大变化

IT 革命意味着成本的急剧下降

从 20 世纪 80 年代到 90 年代，全世界的技术体系都发生了重大变化。这就是 IT（信息通信技术）革命。

80 年代以后，过去依靠大型电子计算机进行的信息处理开始由小型个人计算机来处理。在通讯方面，90 年代之后，互联网的利用也开始普及。

从经济方面的观点来看，IT 革命的意义在于大幅降低了信息处理的成本和通信成本。这个变化对小型组织与大型组织的实力对比带来了重大影响。过去，能使用价值数亿日元的大型计算机的仅限于大型企业、政府和大学。这些组织在信息处理能力上具有绝对优势，中小企业和个人无法与之抗衡。而且，进行大量且高速的数据通信需要用专用线路，这也极为昂贵。

IT 革命消除了这些差距。个人和中小企业及大型企业在信息处理方面变得平等起来，开始在同等的条件下竞争。

在一些技术飞速进步的领域，甚至出现了逆转的局面。因为小型企业能更迅速调整企业政策和决定，能比笨重的大型组织更快地对环境变化做出反应。因此许多新兴创业公司得以在短时间内迅速成长为世界规模的大型企业，这种现象多次发生在美国的硅谷等地。

到了 90 年代，互联网得到普及，通信成本几乎降低为零，企业间的竞争条件也产生了更多变化。距离对经济活动的限制越来越小，工资基准较高的美国企业开始将服务业务外包给爱尔兰和印度等国家或地区。

制造业由垂直一体化走向水平分工

上述改变给制造业的生产方式带来了根本性变化。全世界范围内都出现了从垂直一体化走向水平分工的趋势。

一直以来，制造业的主流生产方式是大企业内部涵盖从开始到最后的所有过程。也就是"垂直一体化生产方式"。

但是中国等新兴国家快速实现工业化发展，而且通信成本的降低使中小企业也具备了较高信息处理能力，因此多家企业通过市场分工协作变得更加容易。在这种生产方式之下，不再由一家企业完成所有工序，而是由不同企业分别负责自己最擅长的领域。这种多家企业互相协作，如同一家企业一样从事制造活动的生产方式叫作"水平分工生产方式"。

这种生产方式最初在计算机的制造业里得到普及。例如由微软公司生产操作系统,由英特尔公司制造中央处理器,然后再由戴尔或者康柏等公司进行组装。第4章第1节曾经提到20世纪80年代日本的计算机市场主要由国内厂家占有,当时采用的是垂直一体化生产方式。但是随着水平分工生产方式在计算机制造行业的发展和扩大,日本厂家未能采取有效的应对措施,在短时间内失去了市场份额。

最近,苹果公司的水平分工生产方式受到了全世界的关注。苹果公司只负责商品的开发设计和销售等位于最开始和最后阶段的业务。按照苹果公司的设计,在市场上采购由世界各地的企业生产的零配件,由富士康在中国组装成成品。随着这种世界规模的新型生产协作关系的发展壮大,专门在特定领域集中发展的企业获得迅速成长,超越了采用垂直一体化生产方式的企业。水平分工生产方式成为制造业的新型商业模式。

4 90 年代以后，日本逆风而行

日本经济的根基动摇了

20 世纪 90 年代以后，同时出现了新兴经济体的工业化发展、信息通信技术革命以及由此导致的商业模式变化。这些经济条件的根本性变化动摇了日本经济的根基。

中国拥有来自农村的大量廉价劳动力。所以在制造业方面，尤其是重化工业和组装制造业方面，中国由于成本低、效率高的优势成为世界工场。图 2-3 和图 4-1 也体现了这一点。

由于中国在大量生产领域承担了生产制造业务，全世界的工业产品价格都出现了下降。因此，那些仍然在日本的制造基地进行生产的企业逐渐在成本竞争中败下阵来。日本企业也开始在中国及其他亚洲国家设立制造基地，在当地进行生产。

在这种环境变化之下，发达国家应该向苹果公司学习，避开制造过程中的成本竞争，专注于附加价值较高的研发领域，与拥有廉价劳动力优势的中国企业共享利益。

另外，技术取得显著进步的例如 IT 服务行业和咨询业等面向企业客户的服务业，也是发达国家可以发挥优势的领域。但日本式的大型企业对这些领域并不擅长。

时代发生了巨大的变化，而日本企业却没能跟上时代的步伐。

其重要原因在于，"日本式企业组织的基础条件适合的是 1940 年体制，因而无法适应 20 世纪 80 年代和 90 年代诞生的新型信息通信技术体系。"因此日本的整个社会并未享受到 IT 革命这一重大技术进步所带来的好处。

从这个意义来说，始于 80 年代的世界经济的巨大变化，对 1940 年体制来说是本质上的逆风。

我也没有看透变化的意义

世界发生的这些翻天覆地的变化，对日本来说意味着什么，很遗憾我也没能准确地看透这一点。虽然我很早就开始使用电脑和互联网工作，切身感受到了它所带来的变化，但这会给社会带来怎样的变化，我却完全没能预测到。

20 世纪 90 年代，关于爱尔兰经济在 90 年代取得令人瞩目的发展的原因，我曾经与爱尔兰经济学家进行过探讨。在 80 年代中期以前，爱尔兰的实际 GDP 增长率最高不过 3% 左右，有些年份还曾经出现过负增长。然而，从 90 年代中期到

2000 年前后，爱尔兰实现了持续 10% 左右的经济增长，被称为"凯尔特之虎的奇迹"。其原动力正是 IT 革命给世界经济环境带来的变化。

当时与我一起讨论的爱尔兰学者说："在常规的制造业时代，爱尔兰没能取得发展。但是名为 IT 的新型技术体系的出现改变了世界。"爱尔兰由于国土面积狭小，无法建造大型钢铁厂或者大规模的汽车组装工厂。在传统的重工业时代，爱尔兰很难推进工业化发展。但是到了 90 年代，IT 革命改变了世界经济环境，一直以来没有主要产业的爱尔兰迎来了发展的契机。再加上教育水平较高、工资水平较低、使用英语等有利条件，世界各地的服务产业迅速汇集到了爱尔兰。

对他的这些观点，我觉得确实如此。但我那时却没有充分认识到，同样的经济环境变化，对于日本和德国等传统工业国家来说却是不利条件，特别是会对日本经济造成沉重打击。

当时我为什么没有看到这一点？在 20 世纪 80 年代后半期的泡沫经济之前，时代的特征一清二楚，但泡沫经济之后为什么就变得模糊不清了呢？后文将探讨这个问题。

5 日本陷入长期停滞

美国没有工厂

2004 年到 2005 年期间，我作为斯坦福大学的客座教授，在加利福尼亚州的帕罗奥多居住了一年。这里就是 IT 革命的中心，被称为"硅谷"的地区。

这一年里，我从未见过一座冒着黑烟的工厂。这一地区过去并非一直如此，加利福尼亚州是美国制造业的核心区之一，特别是军需产业曾经在美国排名第一。这里也有一些地方过去曾经是福特公司的汽车工厂，如今却变成了购物中心。这就是本章第 4 节介绍的世界范围内的水平分工带来的改变。我回到日本之后乘坐新干线，看到从东京到大阪沿途都是工厂，不禁感叹差距之大。

说到世界范围内的分工，在硅谷我还切实感受到了美国与印度的分工。在圣何塞有一家思科系统公司，其路由器产量位

斯坦福大学校园俯瞰（摄于胡佛塔上）

居世界第一，这家公司附近有很多印度人。

　　如果拨打这家公司的电话，一定是印度接线员来接听的。而且接电话的不是身居美国的印度人，而是在印度的印度人。如今美国人对此已经习以为常，每天都会向印度拨打很多电话。

日本沦为"其他"

　　我在斯坦福大学教授日本经济课程，有一名来自中国的女同学也参加了我的研习班。她属于被称为"80 后"的一代人。"80 后"指 1980 年以后出生的年轻一代。他们是中国历史上第一批能够普遍接受高等教育的一代人。我的这名学生也非常优秀。

　　环顾斯坦福大学的校园，我发现增加了许多中国留学生，日本人却踪影全无。回想起 80 年代日本留学生曾经作为一大势力活跃在校园里的情形，让人觉得恍若隔世。

我查了一下斯坦福大学留学生处提供的统计资料，结果发现了一个令人吃惊的事实。

20 世纪 80 年代，来自日本、中国、韩国的硕士及博士留学生大致都是 100～150 人。但是从这以后，来自日本的留学生开始减少，而来自中国的留学生则迅速增加。2003 年，中国留学生已经超过 400 人，而日本留学生却不到 100 人。虽然说中国人口众多，留学生人数多于日本也不足为奇，但使我感到震惊的是，韩国总人口还不到日本的 40%，留学生人数却已经超过 300 人。

几年之后，我再次查看了同一个统计资料。来自中国、韩国的留学生人数仍在不断上升。那么日本呢？日本竟然被分类到"其他"当中，已经无法掌握准确数字。日本已经沦为"其他"！这比 2003 年的统计数字更让我震惊。

以上这些都说明，"大发展已经开始，日本被抛在了后面。"在日本国内，人们没有什么机会能感受到这一点。

现在的世界不同于日本高速发展的时代。在当今的环境里，1940 年体制已经无法发挥作用。不摆脱 1940 年体制，日本就不可能在新的世界经济环境中取得发展。

90 年代中期是日本经济的顶峰

日本经济正在走向下坡路，这个事实可以通过各种数据得到证明。

　　如第 2 章的图 2-1 所示，日本的实际 GDP 增长率在 20 世纪 80 年代是 4% 左右，而 90 年代的很多年份只有 2% 或者更低。

　　图 6-1 制造业的销售利润率的变化也显示了同样的倾向。在 80 年代，利润率为 4% 左右，90 年代以后则降到 3% 左右。只有 2004—2007 年以及最近的日元贬值期间，利润率才会高于这个水平。日本企业只能在日元贬值时期，由于用日元统计的销售额增加，使利润率看上去有所增加，此外已经很难提高利润率。

　　如图 6-2 所示，日本的工资水平也是在 90 年代中期达到

图 6-1　销售利润率的变化

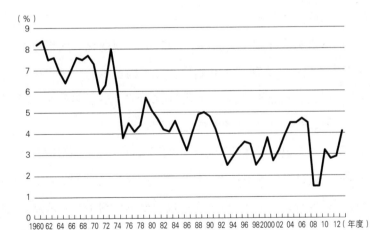

注：指制造业整体规模。

资料来源：法人企业统计。

图 6-2 工资指数（现金收入总额）的变化

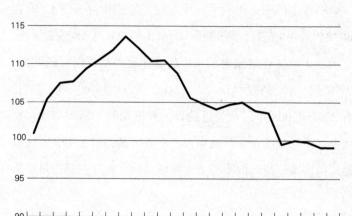

注：2010 年平均值为 100。

资料来源：每月勤劳统计调查。

顶点，以后一直呈下降趋势。

图 6-3 显示了日本矿业生产指数的长期变化。该指数在 90 年代初之前一直保持上升趋势，之后则基本在一定水平停滞不前。在日元贬值的 2005 年及 2006 年前后，曾经暂时有所增加，但 2008 年世界经济危机之后再度下降。

另外一个值得关注的是汇率。如图 6-4 实际汇率指数的变动所示，通过考虑各国物价上涨差距进行调整之后的实际汇率指数可以发现，日元汇率在 90 年代中期达到约 140 的顶点之后，一直呈下降趋势（实际汇率指数数值越大表示日元价格越高）。也就是说，以 20 世纪 90 年代中期为分界点，之前的日

图 6-3　矿业生产指数

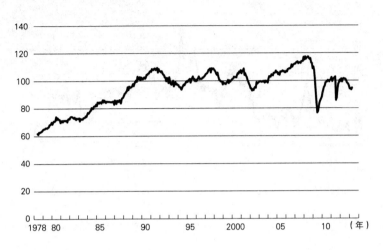

资料来源：经济产业省。

元升值倾向开始逆转为日元贬值倾向。

　　前几天，我在调查日本的出版统计数据时吃惊地发现，图书的销售额也是在 1996 年达到了最高点。现在的图书销售额仅为 1996 年的三分之二左右。这意味着，除了我们通常所说的经济活动领域之外，连知识文化领域也是在 90 年代中期达到了顶点。

　　准确地说，知识文化领域销售额"减至三分之二"的缩减程度要比 GDP 等经济活动的衰退更加严重。我们需要认真地思考，这个事实意味着什么。

　　第 4 章第 1 节提到，"80 年代我从国外回来，感到日本的年轻人很多。"可是现在，我的感受却恰恰相反。

图 6-4　实际汇率指数的长期变化

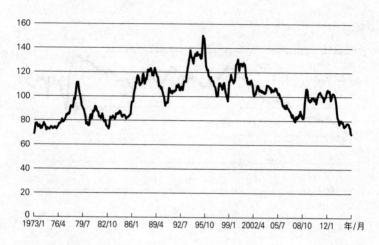

注：2010 年实际汇率指数为 100。
资料来源：日本银行。

2013 年，日本 65 岁以上人口占总人口的比例已经增至 25.1%，多达总人口的四分之一。现在去度假场所，到处都能看到高龄的老人。而且酒店等设施也都还是经济高速增长时期的原样，由于缺乏修缮已经变得破旧。20 世纪 80 年代，邀请国外学者来日本参加研讨会时，我们经常使用箱根或者伊豆的酒店里的国际会议室。如今看到这些设施被孤零零地闲置起来，我总会感到非常失落。

经济停滞的原因并非通货紧缩

综上所述，各种指标都在 1995 年前后到达顶点，之后开始下滑，直到现在。日本经济一直维持下跌趋势，这是在 1995 年，也就是"战后 50 年"的时点，谁都不曾预料到的。这是在那之后，也就是在战后 50 年到战后 70 年的 20 年期间产生的显著现象。

这 20 年期间，许多日本人都有一种危机感，担心"90 年代中期以后，日本经济似乎状态不佳""莫非日本经济正在衰退"。

问题是，为什么会出现这种情况？

一般的观点是："原因在于通货紧缩。"人们认为，由于股价与地价下跌，引发了不良债权问题，导致金融系统瘫痪，使日本经济陷入衰竭。由于消费物价指数不断下降，大家都认为"以后再买更划算"，从而放弃马上购买。企业制造出产品也无法高价出售，利润率因而降低。因此，日本衰退的原因在于通货紧缩。所以只要实施金融缓和政策，提高物价，日本的问题就能得到解决。

但是这种观点是错误的。

日本经济萧条的根本原因不在于地价下跌导致不良债权问题迟迟未能解决，也不在于居民消费物价指数下降，而在于日本的产业结构和经济体制不再适应新时代的要求。

经济学中有"要素价格均等化定理"。也就是说，"在进行贸易往来的世界，如果两个国家采用同样的技术进行生产，即

图 6-5　20 世纪 50 年代以后的居民消费物价上涨率

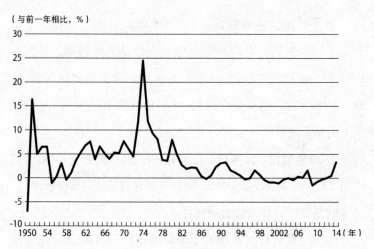

（与前一年相比，%）

注：本图数据为全国除居民自有房屋的虚拟租金之外的综合物价指数。
资料来源：总理府居民消费物价指数。

使劳动力等生产要素不跨越国境往来交流，两国之间的工资水平也会趋向均等。"依照这个理论，如果中国发展工业化，与日本开展同样的生产活动，那么从长期来看，日本的工资水平也将不断下降到与中国相当的水平。这正是 90 年代以后，现实世界发生的各种问题的本质所在。想要避开这个工资水平不断降低的过程，唯一的方法是开展中国所没有的经济活动。换句话说，只有高生产率的新兴产业才能解决这个问题。

但令人遗憾的是，至今仍然有许多人认为，日本经济的问题可以通过金融缓和政策得到解决。这才是日本无法摆脱长期停滞的根本原因。

6　21世纪，日本的历史停下了脚步

日本为美国房地产泡沫提供了资金

20 世纪 90 年代以后，美国在经济活动中积极引进 IT 革命，构建起以先进服务产业为中心的新型经济结构。不过也有过度的一面。美国的住宅价格产生了泡沫。

2004 年起，我曾在美国加利福尼亚生活了一年。这里既是 IT 革命的中心，也是住宅价格泡沫的中心区域之一。因此，我有机会亲眼见证了美国住宅价格不断上涨的实际过程。

那时每天送到家里的报纸中总是夹有大量宣传图册。多是色彩鲜艳的住宅广告，上面登着待售住宅和负责人员的照片，以及住宅价格。我的住所附近随处可见新房拔地而起，从帕罗奥多到卡梅尔的路上，过去荒无人烟的地方也建起了崭新的住宅。

那时美国每天都沉浸在房地产泡沫的狂欢气氛之中。只要

每天收到的大量房地产广告

看看难以置信的价格和房价急剧上涨的速度，就能明显地看出这是泡沫。不过，那时硅谷的 IT 产业正在迅速成长，其显著成绩使人们无法认识到泡沫的存在。

虽然房价已经足够高了，但只要它继续上涨，卖掉买来的房子就可以赚到差价。人们以为，"反正会涨价，买多贵的住宅都没事儿。"

从银行也可以轻易获得住房贷款。其中还有人预测将来房价会继续上涨，把这一部分也额外加进贷款金额当中。因此就产生了下面的奇妙现象，即通过住房贷款拿到手的钱比实际房款还要多，买房人又用多余的钱买了汽车。因此，汽车的销售台数也大幅增长。

这一时期美国销量最好的是丰田汽车。加利福尼亚的路上行驶的大有全是丰田汽车之观。我也买了一辆丰田汽车。因为回日本时，丰田汽车更容易卖出去。

美国的房价上涨拉动了丰田汽车的销量。因此日本的出口增加了。所以，日本的贸易盈余增加与美国的房地产泡沫有着紧密联系。

不只如此。日本出口赚来的利润还会以资本输出的形式再度流向美国。虽然无法通过统计来查明这些流回美国的资金的具体用途，但毫无疑问，其中的一部分被用于购买住宅。

美国的经常收支陷入赤字，并非完全源自日本的资本输出。从中国和中东产油国等流向美国的资本金额也十分庞大。换句话说，美国向全世界借钱，用来购买房产和汽车等，维持着舒适富足的生活水平。这样的生活接下来又增加了美国的进口，因此世界各地的资金源源不断地流向美国，又从美国回到各国。这个循环就是房地产泡沫时期美国经济和世界经济的基本结构。

当时，为了抑制房价上涨，美联储采取了金融紧缩政策，但市场利率却并未随之上涨。当时的美联储主席艾伦·格林斯潘将这种情况称为"谜（riddle）"。来自世界各国的资金源源不断地流入美国，所以美国国内实施金融紧缩政策也未能见效。美国的房价泡沫不是一国内部发生的现象，其背后是世界规模的资金循环机制在起作用。

还有一点值得注意，尽管当时日本的丰田汽车畅销，占据了美国的大街小巷，但日美之间却并未发生贸易摩擦。这与广场协议时的情形截然不同。

1985 年签订广场协议，日本汽车席卷美国市场是一个重要原因。但是 20 年后的 2004 年和 2005 年，丰田汽车销量增加却未引发任何问题。

这是因为与 20 年前相比，美国的产业结构已经发生了很大变化。当然美国仍然拥有汽车产业，但与从前不同的是，如今的汽车产业在美国经济中已经不再占据重要地位。苹果公司等水平分工式制造业、谷歌等新兴 IT 服务产业，以及金融领域获得发展，成了美国的核心产业。汽车产业的衰退已经不再是左右美国政治的重要问题了。

饮鸩止渴：制造业因日元贬值回归日本

2004 年，日本进行了大规模的外汇干预，其结果就是日元不断贬值。日本国内的制造业借此得以暂时好转，恢复了营利能力。甚至被认为已经难以为继的重厚长大型产业的经营状况也出现好转，之前已经奄奄一息的新日铁公司也奇迹般地复活过来。以前大致徘徊在年均 1 亿吨水平的钢铁产量也在这一时期有了显著增长（第 78 页图 2-3）。

机电产业出现了将工厂迁回日本的倾向。夏普公司分别于 2006 年在三重县龟山市、2009 年在大阪府堺市启动了大型液晶电视机工厂。松下电器公司也于 2007 年和 2009 年在兵库县尼崎市增设了等离子电视机的生产工厂。

对于这个趋势，我强烈地感到不对劲儿，有一种"不可思议"的感觉。日本出口产业的利润情况好转完全是日元贬值带来的。所以看到工厂回归日本的现象，我相信，"这是错误决策，是与从长期来看的时代变化趋势背道而驰的。"

在不久之前，日本的众多厂家还都因苦于业绩不振而将生产基地纷纷迁往海外。可是日元刚开始贬值，潮流就马上逆转过来。我对企业决策的这个变化感到不解，更加怀疑"日本企业的高层管理者们是不是从来不关心世界经济潮流的重大变化"。我将这些观点写进了 2006 年和 2007 年由钻石社出版的《日本经济真的复活了吗》《制造业幻想将会毁掉日本经济》这两本书里。

正如我所担心的，几年之后，无论是夏普公司还是松下电器公司的电视机部门都出现巨大亏损，陷入了危及企业存续的事态之中。日本机电生产厂家在国内增建工厂的做法一败涂地。

不过，我也是到了更后来才确信"日本企业未能适应世界经济环境的变化"。2008 年秋季日本因世界经济危机的影响出口锐减，之后我开始认定这个观点没有错。

2011 年日本的贸易收支转为赤字，直到今日仍然是贸易赤字状态。对此，一般的解释是："东日本大地震以后，日本停止核电业务，导致能源方面的进口增加。"不可否认，这的确是原因之一。但最根本的原因还是日本的制造业未能适应世界经济环境的变化。

2005 年和 2006 年日元贬值时期，日本的企业经营者心里都藏着一个愿望，"只要日元贬值，日本就能重拾往日辉煌。"日元贬值成了麻醉人们神经的毒品。不去追究衰退的真正原因，只追求短期的利润好转，这种治标不治本的敷衍做法如今已经变得极为普遍，我对此感到十分不理解。

房地产泡沫的破灭与全球金融危机

美国的房地产泡沫于 2007 年破灭。其原因是与房贷有关的金融产品价格暴跌。由于房产价格下降，不能按期偿还房贷的情况急剧增加，导致以房贷为基础的证券化产品市场价格暴跌。这次危机又被称为"次贷危机"，因为引发问题的房屋贷款多为面向低收入人群的次级抵押贷款。

之后，美国房价继续下跌，导致销售与房屋抵押贷款相关的金融产品的机构陷入经营困境。终于在 2008 年 9 月，美国老牌投资银行之一雷曼兄弟公司宣告破产。信用危机笼罩了整个美国金融市场，并迅速蔓延到全世界的金融市场。这就是导致了世界金融危机的"雷曼冲击"。

此时美国政府迅速投入 70 万亿日元资金来救市，表明了阻止金融机构产生连锁破产的决心，以此来安抚市场的恐慌。政府救助以贷款的方式进行，如第 5 章第 2 节所述，各主要金融机构几乎只用 1 年时间就全部还清了。美国在极短时间内对这次严重的金融危机采取了有效对策。因此，在 5 年之后的 2013 年底，美国基本已经消除了 2008 年金融危机的影响。

此次金融危机基本上没有对日本的金融机构带来什么影响（因为日本没有对金融衍生品进行投资）。但日本的出口产业却因此受到巨大冲击。

受金融危机打击最重的是日本制造业

2004 年到 2007 年，在金融危机之前的这段时期，日元一直不断贬值。于是出现了大量利用日元的低利息进行日元贷款，再将日元换成美元进行投资的"日元套息交易"。为了促进日本的资金流入美国，日元被人为地推进贬值。

然而金融危机之后，投向金融衍生商品的资金被收回，重新流向日本。资金流向很快逆转，日元开始急剧升值。日元升值加上美国市场缩小，日本的出口产业受到了毁灭性的打击。受金融危机的影响，日本股票价格暴跌，丰田汽车公司的股价走势图多次出现直线下跌。股价陷入了垂直下降的自由落体状态。

金融危机波及制造业，因此厂家纷纷公开要求政府给予补助。例如节能环保汽车制度就是对汽车产业的补助；传统电视播放方式被强制转为地面数字播放方式也是为了辅助机电产业，促进电视机的换代消费。还有，提高就业调整补贴的支付上限也是为了帮助企业继续雇用过剩的员工。

在经济高速增长时期，日本曾经对农业部门实施过直接的补贴政策，现在制造业要求完全相同的待遇，政府就给予直接补贴。对此，几乎没有出现任何反对意见。因为人们普遍认为："政府理应补贴陷入困境的产业部门。"

金融危机之后，原本投向美国房地产的资金转而投向英国等欧洲各国，导致这些国家产生了房地产泡沫。房地产泡沫破灭之后，金融机构陷入经营危机，政府不得不投入公共资金救市。这些情况又引发了财政危机，使整个欧元圈陷入恐慌。

同时，中国为了防止金融危机引发经济萧条，连续5次降息，实施了总额高达4万亿人民币的大型经济刺激政策。这导致中国国内发生了房地产泡沫的膨胀以及其后的房价下跌。我认为中国政府至今仍未能有效处理房价下跌造成的金融机构及地方政府的不良债权问题。①

换言之，世界经济至今仍未找到金融危机之后的新的平衡状态。

小泉内阁改革了什么？

我在序章里写道，有一些事情在发生当时受到社会的关注，被认为将会改变日本，但是放到历史的长河中来看，其实却是无足轻重的。

在20世纪60年代和70年代，安保斗争、全共斗以及联合赤军等都属于这类事件。可能这些运动的主导者们以为自己在为革命而奋斗，但是在一个实际经济增长率超过10%的社会根本不可能爆发革命。人们相信"明日会比今日更富足"，

---

① 本书日文原版出版于2015年，此处的房价下跌指2014年中国出现的短期房价下跌现象。——编者注

不会要求体制改革。这些事件的主导者们缺乏的就是这种历史认识。

　　进入 21 世纪之后，2001 年 4 月到 2006 年 9 月期间小泉纯一郎内阁所推行的经济政策也属于这一类型。人们通常认为小泉改革给日本带来了巨大变化，可是事实果真如此吗？

　　小泉内阁提出"结构改革无禁区"，缓和限制，推进国营事业民营化。相信很多人还记得，2005 年围绕邮政民营化相关法案，众议院被迫解散，结果自民党在"邮政选举"中大获全胜。把反对邮政民营化的人称为"抵抗势力"，小泉的这些巧妙做法后来被称为"剧场型政治"。

　　那么当时小泉内阁所推行的改革到底是什么呢？有人认为，他改革了财政投融资制度，将历来由大藏省运营的资金交给民间企业运营。

　　日本的邮政储蓄和养老保险资金过去一直是由大藏省资金运营部以投资的方式提供给公库、公团等特殊法人。但是从 20 世纪 90 年代开始，这些特殊法人由于管理方式不够透明遭到越来越多的批评，根据 2001 年对有关法律的修订，大藏省资金运营部被撤销，邮政储蓄等相关资金的信托制度也被废止。也就是说，早在小泉内阁成立之前，财政改革就已经结束，邮政储蓄等资金实际上已经由邮政公社自己进行运营。所以仅就财政投融资改革来说，小泉内阁没有任何作为。

　　小泉内阁所推进的，是对实际上在资金运用方面已经实现了民营化的邮政公社，在形式上实行民营化，为后来成立日本邮政株式会社开辟道路。但这只是形式上的改变而非本质上的重要变化。

　　从政治角度来看，小泉内阁推行的"邮政民营化"确实具有很大的冲击力。因为此举打破了一直由田中派掌控特定邮局这个巨大的票田的局面。然而这在经济上并不具有重要意义。对小泉内阁改革了日本的观点，我还是不敢苟同。

终章　我们应该何去何从

对泡沫感到不对劲儿

我在本书中多次提到"感觉不对劲儿"。关于这些不对劲儿的事情，我想再做一些更深入的思考。

我想用"不对劲儿"这个词表达一种不可思议的感觉，就是"这种情况明明不可能持续下去，可人们却一点儿都不觉得奇怪，而且不可能持续的情况也竟然一直在持续"的感觉。

我第一次对日本经济有这种感觉，是在 20 世纪 80 年代后半期的泡沫经济时期。

地价和股价不断上涨，高尔夫球场的开发者们一个接一个地变成亿万富翁。而认真工作的人却买不起房子，不得不住在离工作地点越来越远的郊外。日本企业在海外大出风头，到处收购酒店和购物中心。最后甚至连纽约的洛克菲勒中心、加利福尼亚的知名高尔夫球场也被日本企业买了下来。这些绝对不可能发生的事情，却在现实中发生了。

在战后复兴时期、经济高速增长时期，以及石油危机的年代，我从来没有对什么事情感到过"绝对不可能"。在经济高速增长时期，日本实际经济增长率每年都超过 10%，实现了被世界称为"奇迹"的瞩目发展。但那时我却没有"绝不可能的事儿正在发生"的感觉。因为在那个时代，所有日本人都在拼命地工作。所以我觉得，日本理所当然会越来越富足。

60 年代末去美国时，我曾经为美国的富裕程度感到震惊，甚至对日美之间差距之大感到不可思议。日本人并不比美国人能力差，日本却不像美国一样富裕，我当时觉得难以理解。所以后来当日本与美国的差距越来越小，我一点也不感到有什么不对。

对人们欢迎日元贬值感到不对劲儿

我对于日本经济所抱有的"不对劲儿"的感觉，到 20 世纪 90 年代泡沫破灭之后也未能消失。而且有时候还会变得更为强烈。回顾到底哪些时候变得更强烈，我想就是日元不断贬值的时候。

90 年代后半期，钢铁、造船等重厚长大型产业被称为"夕阳产业"或"结构性萧条产业"。在世界经济结构正在转变之时，无论经济景气如何，这些行业的业绩都难以好转。但是，2004 年前后日元贬值之后，这些企业却又起死回生般呈现出一派生机的景象。

现在来看，这只是日元贬值带来的暂时的利润增加，但那时却被解释为"通过裁员和行业重组提高了竞争力""日本的生产技术是世界最高水平"等原因，而人们也普遍接受了这些解释。

日元贬值不可能成为适应世界经济的结构变化的对策。但日元贬值能增加出口产业的利润，于是股价就会上涨。人们因此产生了错觉，以为整个经济出现了好转。于是人们开始祈祷这个状态能永远持续下去。2006 年和 2007 年前后，经常见到"舒适的日元贬值"的说法。

此外，出口产业以大企业居多，对政治具有很强的影响力。所以日本始终没有采取纠正日元贬值的经济政策，异常的状态得以一直持续下去。

日本人变成了绿魔吗？

第 5 章第 1 节提到，在 20 世纪 80 年代泡沫经济全盛时期，我曾经指出地价高涨是泡沫，早晚会破灭。但是没有人相信我的警告。2004 年日元贬值时，我对朋友说："日本的钢铁产业不可能会起死回生"，可他却劈头盖脸地全盘否定了我的观点。我绝望地想，"像他那么聪明的人，为什么就看不出来现在的局面不正常呢？"

夏普公司的龟山工厂被称赞为世界最先进的垂直一体化工厂。电子产品的世界潮流是水平分工，我实在不能理解人们为什么要对夏普公司赞不绝口。

史蒂芬·金写过一本名为《绿魔》(*The Tommyknockers*)的科幻小说。绿魔是远古以前乘坐宇宙飞船坠落到地球的怪物。故事的大概情节是宇宙飞船后来被人们挖掘出来，它散发出青白色的光线，把村里的居民纷纷变成了绿魔。与最近的僵尸电影中的僵尸不同，绿魔的外表没有任何改变，但思考方式和价值观等却会发生变化，变成与过去完全不同的人。

我感到的那种"不对劲儿"的感觉，与小说中的主人公所感到的一模一样。也就是某一天忽然发现周围的人全都变得很奇怪的感觉。

更恐怖的是，史蒂芬·金特意在前言写道："本书情节纯属虚构，但绿魔却真实存在。如果你以为我在开玩笑，那一定是你没有注意新闻。"是这样啊，那么日本人莫非也是什么时候不小心被宇宙飞船发出的光线照到，全都变成了绿魔？

皇帝赤裸着身体走在大街上。这种情形多么可笑，必须有人告诉他。然而谁也不去告诉他。于是皇帝就赤裸着身体继续前进。这种奇怪的状态究竟要持续到什么时候？又或者，是我出了什么问题吗？

"不对劲儿"是因为"劳动致富"原则不再成立

我前文写到，"不可能的事情正在发生。"那么这个"不可能的事情"是指什么呢？

答案其实非常简单。我认为"想要过上富足的生活，必须辛勤劳动"，而这个原则不再成立的状态就是"不可能的事情"。也就是说，现实变成了"不用劳动就能收获财富"。这是不可能的，至少是不可能长期持续的。

换句话说，就是出现了"从无中产生有"的情况。整个经济的可利用资源总量没有增加，有人变富就必然意味着有人变穷。所以，所有人全都不劳而获的状态，一定不会长久。

我认为这是极其简单的道理，而且也是健全的观点。

到 70 年代为止，日本人基本上都是信奉"劳动致富"这个原则的。日本经济得以增长，也是因为日本人付出了辛勤的劳动，增加了社会可利用资源的总量。

如果不劳而获的人越来越多，就说明社会正在走向错误的方向。80 年代泡沫经济时期，就属于这种情况。运用理财技术就可以不付出劳动而获得收益，或者依靠空手套白狼地开发高尔夫球场，就可以积累起庞大的资产。甚至倒买倒卖美术作品也能获得巨额利润。

但是，这种情况不可能长期持续下去。因为所有人都不再踏实工作的话，整个经济就无法创造出附加价值，最后只能变成一场击鼓传花的游戏。因此，早晚会有人会因此遭受巨大的损失。

我对日元贬值感到"不对劲儿"的原因也在于此。日元贬值可以使出口企业的利润自动增加，这也违反了前面的原则。因为企业获得的利润，来自于高价购买进口原材料的企业，或者购买价格上涨的商品的消费者。

90 年代以后，日本经济陷入长期停滞状态，这个时期被称为"失去的 20 年"。其原因就在于许多日本人仍然认为"即使不努力工作，只要日元贬值或者金融缓和政策持续，日本经济就能自然好转。"

日本至今没有摆脱这种状态。

考虑制造业的各种情况，对日本的制造业来说，将生产基地迁到海外原本是正确的方向。但是随着日元不断贬值，利润增加的不是积极向海外拓展的企业，而是未能及时迁到海外的企业。从长期来看，也就是朝着正确方向前进的企业反而受到了惩罚。我正是对这种情况感到"不对劲儿"。

解决护理问题必须依靠高生产率产业

说到另一个话题，如今大多数日本人最担心的问题，应该是老年以后的生活吧。特别是对自己处于需要护理的状态时的生活，人们深感不安。

极少数富豪当然可以住进像酒店一样的高级养老院。但是大多数老百姓该怎么办？

要解决这个问题，本来应该建造大量费用低廉的养老设施，在这里护理需要照顾的人们。但是现有的护理保险机制，不可能解决维持这一体系的费用。

所以，厚生劳动省^①将"家庭护理"作为基本方针。也就是让老人尽量留在自己家里接受护理服务。

厚生劳动省提出，"更多人愿意选择在自己家里而非在养老院生活，所以家庭护理体系比养老设施中心主义更符合民众需要。"确实，如果处于健康状态而且生活能够自理的话，谁都愿意留在自己家里。但问题是，在生活无法自理之后应该怎么办？

对此，政府提出充实及完善巡回服务等援助机制，但大部分情况下还是不得不依靠住在一起的家人的照料。但如果夫妇两人都需要照顾，或者独居的人该怎么办呢？

不难看出，家庭护理体系无法解决这些问题。而且现实中已经出现类似问题。

这就是"养老院难"的问题。虽然生活已经无法自理，但特别护理养老院已经人满为患。因为住不进特别护理养老院，所以不得不在多个老人护理保健设施之间来回转院。因为老人护理保健设施属于短期疗养设施，不允许长期滞留，最多3个月就得出院。

明明知道存在这些问题，但是由于没有足够经费支持养老设施中心主义，所以日本不得不以家庭护理为中心。谁都知道老年护理问题很严重，但却没有人在出现现实问题之前深入地思考这个问题。因为老年人护理问题确实是个棘手的难题。

---

① 厚生劳动省是日本中央政府的主要部门之一，主要负责主管日本国民的健康、医疗、育儿、福利、护理、就业、劳动与养老金等业务。

那么我为什么要在这里提出这个问题呢？因为只有日本整体收入增加了，才能解决老人护理问题。为了收容无法在家庭护理的人，为他们提供充分的服务，就必须在现有基础上提高整个日本经济的可利用资源总量。

这正是"勤劳致富"原则的要求。因此，老人护理问题在护理这个小领域里是无法解决的。这是整个日本经济的问题。

用竹枪和水桶迎接超高龄社会

所以，需要考虑经济政策的问题。我们必须努力工作，可并不是只要努力工作就一定能获得富裕生活。如果努力的方向不对也终将徒劳无功。现在日本面临着产业结构无法适应世界经济发展需要的问题。不解决这个问题，将来的日本就不会比现在更富裕。

因此，日本的经济政策必须关注如何培育出将来能够支撑日本社会发展的产业。考虑到人口老龄化发展的迅猛速度，这是一个紧急课题。日本已经没有时间再通过金融缓和政策促进日元贬值来敷衍一时，或者设定 2% 的物价上涨率等毫无意义的目标。

不转换经济政策，就如同战争时的领导者要求民众"敌人投下燃烧弹，我们就靠传水桶和日本精神把火扑灭"一样，是极不负责任的行为。

70 年前保护日本民众免遭 B-29 的空袭，需要高射炮部队和防空战斗机。也就是说，物质上没有充足准备，就无法保护国民。这与"勤劳致富"是同样的道理。

我并不是主张"应该为了防御而增强军备"。不要轻举妄动地发动战争才是最重要的事。我想强调的是，如果在不幸发生了战争，而且日本列岛已经处于B–29进攻范围之内的前提下，没有物质上的防御手段，日本国民必将成为残酷空袭的牺牲者。

差点死在防空洞时，我还不到5岁，还不会想到这些事情。当时的我只能在极度恐惧中瑟瑟发抖。但是如果我那时具备深入思考的能力，面对自己被迫陷入的境地，我一定不仅会感到难以理解，更会感到强烈的愤怒。

实际上，对于战争中被迫面对的困境，几乎所有的日本人都感到愤怒。人们在战后把这种政策批判为"竹枪主义"。再加上让人们靠水桶来对抗燃烧弹的做法，也可以说是"竹枪和水桶主义"吧。日本人对于"没有足够的物质保障，就无法守护生命安全"这个理所当然的道理应该是最有切身体会的。

可尽管如此，为什么从20世纪80年代后半期开始，人们却把这些道理忘得一干二净了呢。为什么会坚信"地价和股价都会无限上涨"，或者相信"实施金融缓和政策促进日元贬值，日本经济就可以毫不费力地好转"的观点呢。

甚至最终，人们竟然幻想"不靠增强产业实力，就能克服老龄化社会的难题"。政府宣称，养老金制度不会崩溃，通过家庭护理可以解决老年人的护理问题。对人口老龄化造成的劳动力不足问题，试图通过鼓励女性和老年人加入劳动力市场，或者提高人口出生率来应对。

但是，这些举措都不过是人们的一厢情愿而已。鼓励女性和老年人加入劳动力市场需要相应的政策支持，可是目前为止却没有相关政策出台。至于提高人口出生率，不要说还没有有效对策，即使实现了这个目标，也会由此产生一段时期内问题反而更加严重的情况。因为即使人口出生率上升了，新生儿也需要20年左右的时间才能成为劳动力，这期间的被扶养人口反而会增加。

总而言之，日本政府正在企图再一次"依靠竹枪和水桶来解决老龄化问题"。这多么可怕啊！

安倍内阁的经济政策还是抓住战后体制不放

不论提倡自由主义的市场经济，还是社会主义经济，都存在"勤劳致富"的原则。

至于"国家对经济活动的干预是多一点好，还是少一点好"的问题，虽然与"勤劳致富"的原则密切相关，但从原理上来看，却是人们争论已久的另一个问题。

说两者密切相关，是因为如果国家干预过多，就会产生过度重视所得再分配政策的倾向，结果也就更容易造成"不劳动也能生活下去"的事态。

在此我们要考虑的不是深入讨论这一点，而是思考"政府对经济的干预，是多一点更有利于经济发展还是少一点更有利于经济的发展"的问题。也就是"市场经济和计划经济，哪个更好"的问题。

正如本书已经提到的，我认为这个问题的答案因时代条件的不同而不同。特别是要受到技术的影响。

1970 年之前的技术有利于重厚长大型、垂直一体化的生产方式。1940 年体制不是完全的市场经济，国家干预在资源配置方面发挥了很大作用，因此是适合这一时代的。这也是这一时期日本经济取得瞩目发展的重要原因。

但是 20 世纪 80 年代以后的技术需要市场化发展。因此以市场为核心的美国和英国的地位重新上升，而以组织为核心的日本和德国经济则走向下坡路。

我曾经写道，"解决老人护理问题，需要高生产率的新兴产业。"新兴产业是在市场竞争中产生的，而不是在政府的指导和保护下诞生的。20 世纪 90 年代以后，IT 领域的新兴产业引领了美国经济发展，这些企业并非在政府的指导下诞生，而是经过市场的洗礼而产生的。90 年代以后的英国经济依靠先进的金融行业获得增长，其背景是被称为"金融大爆炸"的金融缓和政策使新金融机构加入到了市场当中。

然而安倍晋三内阁所推行的经济政策却倾向于否定市场作用，强化国家干预。例如政府干预本应由市场决定的工资决定过程，指导企业提高工资水平。此外还对日本银行的独立性持否定态度，通过购入巨额国债控制国债市场。从而导致现在的日本国债市场丧失了原本功能，变得扭曲不堪。

安倍内阁声称以"摆脱战后体制"为目标。但是仅从经济政策来看，他实际推行的政策却是在恢复 1940 年体制。换句话说，就是仍然"抓着战后体制不放"。如上所述，1940 年体制中的政府干预型经济制度，在 20 世纪 80 年代以后的经济环境里已经失去了效力。不顾世界经济形势的变化，仍然坚守政府干预型制度的做法，只能说是倒行逆施。

安倍晋三的政治姿态一般被认为是"超保守派"。但他强化国家对经济的干预的一系列做法，从政治意识形态的角度来看却不是保守主义。保守的经济政策总是企图将政府对经济活动的干预限制在最小范围，而安倍内阁的经济政策却与之恰恰相反。

回想当年，自由主义者小林一三曾经批评改革派官僚岸信介是"赤色分子"。应该如何评价 1940 年体制的问题暂且不说，把岸信介称为"赤色分子"这件事本身还是恰当的。如果小林活到现在，肯定也会批评安倍是"赤色分子"吧。

但是，如今在日本，对安倍内阁的经济政策，却没有任何人从这个角度提出质疑。我对此感到难以置信，难道日本已经没有保守主义者了吗？或者干脆日本已经根本没有人对经济政策的基本思想予以深究了吗？但是政府干预民间经济活动的是非问题，对今后日本经济的发展具有极其重要的意义。

从另一个意义来讲，这种状况也使我感到"不对劲儿"。

后记　摆脱"头脑中的 1940 年体制"

在一次演讲当中，有位听众向我提问："日本企业不继续坚持终身雇用制，日本经济就不可能复苏吧？"

这个问题让我从心底感到震惊。因为日本企业，特别是制造业的大型企业所面临的最大问题，就是无法调整其过剩雇用的问题。它们正因为这个原因无法转换商业模式，从而在国际市场上失去了竞争力。保障劳动者的生活当然是重要课题，但这不是民间企业的义务。完善社会保障制度，构建社会安全网，提高劳动力市场的流动性，方便人们更换工作，这些都是政府的职责。

的确，在经济高速增长时期，日本的企业（尤其是大企业）为员工提供了最基本的生活保障。员工们也对此寄予期待。但是正如本书论述的，这是在 20 世纪 80 年代之前的特殊经济环境下才能够实现的。

而且重要的是，那时员工也为了公司竭尽全力，可以说是无私奉献。他们为公司成长贡献了力量，因此得到相应的回报。这也符合前文说的"勤劳致富"的原则。

但是这位向我提问的听众的想法大概是，"就算我什么都不做，也总有别人在努力，所以还是让公司来照顾我吧。"换言之他是想"依靠组织"。说得更正式一点就是，"企业的社会责任就是通过终身雇用制来保障员工的生活。"但遗憾的是，这同样与"勤劳致富"原则背道而驰。

也就是说，1940 年体制本来是符合"不劳不得"的原则的，但不知从何时起，却变成"依靠组织"的形式，并在日本人的头脑里扎下了根。

没有人批评安倍内阁干预民间经济活动的做法，大概也是因为日本人的头脑里已经刻上了"依靠组织"的观念吧。

这种"头脑里的 1940 年体制"才是现如今诸多问题的症结所在。如果不能摆脱这种禁锢，日本将无法创造出美好的未来。

2015 年是第二次世界大战结束 70 周年。70 年的漫长岁月，几乎相当于个人的一生。想要在如此漫长的岁月中无视外部环境的变化，维持同一个体制不变是不可能的。

事实上，外部环境已经发生了日新月异的变化。因此需要能够适应新环境的制度。例如在经济增长战略方面，现在政府所制定的计划与经济高速增长时期制定的计划在本质上源于同样的观点。即由政府描绘出将来的蓝图，然后把全国资源集中到这个方向。

但是在新的经济环境中，这样的增长战略毫无作用。正如前文提出的，新兴的成长产业是在市场竞争中生存下来的产业。因此政府的职能在于完善市场的竞争环境。事实上在美国，根本没有所谓的政府的"增长战略"。从这一点来说，日本需要从根本上反思增长战略的思维方式。而且前文还提到，"实施金融缓和政策，促进日元贬值，就可以抬高股价，不辛勤劳动也能获得财富"的观点也是谬误。

从个人能力上看，我认为日本人具有很强的能力。或者说，其实我认为每个国家的国民在能力上都没有太大差别。差别只在于制度或组织是否满足了人们"想努力工作"的需求。

只用了不到 10 年的时间，日本就在第二次世界大战结束后的一片焦土中实现了复苏。在接下来的岁月又实现了高速增长，战胜了石油危机，使日本的制造业屹立在世界最前列。不过这些都是日本人付出了辛勤努力才得以实现的成果。

我衷心期望，战后 70 周年能够成为日本人从根本上转换思维方式的里程碑。

附录：战后七十年回顾年表

年表使用方法

首先请读者在"个人历史记录栏"里填上自己在相应时期的年龄和学年（工作）等相关事项。

这样一来，左侧的"日本及世界动向"与读者的个人史之间将会建立起立体、有机的联系。

请留意用加粗字体印刷的项目。大多数人应该都对这些大事有着深刻印象。那么请尝试回忆一下，您是在哪里、如何得知的这个消息，以及当时您的身边还有哪些人。将这些细节记录到"经历"栏里，将有助于更加生动地回忆起这些事件前后的情况。此外，读者也可以将其他印象深刻的历史事件与自己的个人史建立起联系。

年	月	日本及世界动向	个人历史记录栏		
			年龄	学年（工作）	经历
1945 年		**序章、第 1 章**			
	3 月	东京大空袭			
	8 月	美国在广岛、长崎投下原子弹			
	8 月	**战争结束**			
	10 月	币原喜重郎内阁成立			
	12 月	占领军总司令部下令进行农地改革			
1946 年	1 月	占领军总司令部开除军国主义者公职			
	2 月	公布金融紧急措施令（更换新日元）			
	4 月	公布持股公司整理委员会令（开始进行财阀分解）			
	5 月	第一次吉田茂内阁成立			
	11 月	公布日本国宪法			
	12 月	决定倾斜生产方式			
1947 年	3 月	开始实行六三三学制			
	5 月	日本国宪法开始实施			
	5 月	片山哲内阁成立			
1948 年	3 月	芦田均内阁成立			
	6 月	昭和电工公司社长因行贿嫌疑被逮捕（昭和电工事件）			
	7 月	第 14 届伦敦奥运会			
	8 月	大韩民国宣布成立（李承晚担任总统）			
	9 月	朝鲜民主主义人民共和国成立（金日成担任主席）			
	10 月	第二次吉田内阁成立			
1949 年	3 月	占领军总司令部经济顾问道奇提出道奇路线			
	4 月	决定 1 美元兑换 360 日元的汇率			
	7 月	下山事件、三鹰事件			
	8 月	松川事件			
	8 月	夏普税制改革建议书公布			
	10 月	中华人民共和国成立			
1950 年	6 月	**朝鲜战争爆发**			
	8 月	公布及实施警察预备队令			
1951 年	4 月	占领军总司令部最高指挥官麦克·阿瑟被解职			
	9 月	对日和平条约、日美安全保障条约签署			

年	月	日本及世界动向	个人历史记录栏		
			年龄	学年（工作）	经历
1952 年	4 月	对日和平条约、日美安全保障条约生效。美国对日本的占领结束			
	7 月	第 15 届赫尔辛基奥运会			
1953 年	3 月	斯大林去世。股价暴跌			
	3 月	尼基塔·赫鲁晓夫成为苏联最高领导者			
	7 月	朝鲜战争停战			
1954 年	1 月	地铁丸之内线池袋至御茶水之间路段开通			
	2 月	造船疑狱事件扩大			
	3 月	美军在比基尼岛进行氢弹试验，导致"第五福龙丸"号遭到辐射			
	5 月	印度支那战争中法军奠边府基地被攻陷			
	12 月	鸠山一郎内阁成立			
1955 年	9 月	日本加盟关贸总协定			
	10 月	社会党再次统一			
	11 月	保守势力联合结成自由民主党，形成1955 年体制（1955—1957 年，神武景气）			
1956 年	7 月	《经济白皮书》宣布"不再是战后"			
	11 月	东海道本线实现全线电气化			
	11 月	第 16 届墨尔本、斯德哥尔摩奥运会			
	12 月	日本加入联合国			
	12 月	石桥湛山内阁成立			
1957 年	2 月	岸信介内阁成立			
	10 月	**苏联发射斯普特尼克号人造卫星**（1957—1958 年，锅底式萧条）			
1958 年	1 月	欧洲经济共同体成立			
	1 月	中华人民共和国开始实行第二个五年计划			
	12 月	东京塔完工仪式（1958—1961 年，岩户景气）			
1959 年	1 月	古巴革命			
	4 月	皇太子成婚典礼			

年	月	日本及世界动向	个人历史记录栏		
			年龄	学年（工作）	经历
1960 年		**第 2 章**			
	1 月	政府决定贸易、外汇自由化的基本方针			
	1 月	新日美安全保障条约及行政协定在美国华盛顿签署			
	6 月	全学联主流派 4 000 人攻入国会			
	7 月	岸内阁总辞职，池田勇人内阁成立			
	8 月	第 17 届罗马奥运会			
	12 月	正式决定国民所得倍增计划			
1961 年	1 月	约翰·肯尼迪就任美国总统			
	4 月	苏联宇航员加加林实现环绕地球一周			
	8 月	修建柏林墙			
1962 年	10 月	古巴危机			
1963 年	11 月	**肯尼迪遇刺**			
1964 年	4 月	日本成为国际货币基金组织第八条款国。加入经济与贸易合作组织			
	4 月	IBM 公司发布系统 360			
	6 月	新潟地震			
	10 月	东海道新干线开通			
	10 月	**第 18 届东京奥运会**			
	10 月	列昂尼德·勃列日涅夫成为苏联最高领导者			
	11 月	佐藤荣作内阁成立			
1965 年	2 月	美军轰炸越南北部			
	5 月	山一证券接受日银特融			
	11 月	中国开始文化大革命（1965—1970 年，伊奘诺景气）			
1966 年	3 月	日本总人口超过 1 亿			
1967 年	4 月	东京都知事选举，美浓部亮吉当选			
1968 年	4 月	霞关大厦完工			
	4 月	东名高速公路东京至厚木间路段通车			
	10 月	第 19 届墨西哥奥运会			
	12 月	3 亿日元事件			
1969 年	1 月	东大安田讲堂攻防战。东京大学停止入学考试			
	1 月	理查德·尼克松就任美国总统			

年	月	日本及世界动向	个人历史记录栏		
			年龄	学年（工作）	经历
	7月	"阿波罗11号"实现人类首次登月			
1970年	3月	日本大阪召开世界博览会			
	3月	日本航空公司飞机发生劫机事件			
	11月	三岛由纪夫剖腹自杀			
1971年		**第3章**			
	8月	尼克松冲击（美国停止美元与黄金的兑换）			
	12月	史密森协定			
1972年	2月	浅间山庄事件			
	7月	田中角荣内阁成立			
	8月	第20届慕尼黑奥运会			
	9月	中日发表邦交正常化的联合声明			
1973年	2月	日元开始实行变动汇率制			
	10月	**第一次石油危机**			
1974年	1月	HP65（世界首台可编程计算器）上市			
	8月	尼克松总统因水门事件辞职			
	12月	田中角荣因资金来源问题辞职。三木武夫内阁起航			
1975年	4月	西贡被攻陷，南越政府投降			
1976年	7月	第21届蒙特利尔奥运会			
	7月	前首相田中角荣被逮捕			
	9月	中国共产党第一代领导核心毛泽东去世			
	12月	福田赳夫内阁成立			
1977年	1月	吉米·卡特就任美国总统			
	6月	苹果公司开始销售 AppleII			
	9月	日本航空公司客机在达卡遭遇劫机事件			
1978年	5月	新东京国际机场（成田机场）开始运营			
	7月	电影《星球大战》在日本上映			
	12月	大平正芳内阁成立			

年	月	日本及世界动向	个人历史记录栏		
			年龄	学年（工作）	经历
1979 年	1 月	第二次石油危机			
	3 月	三里岛发生核事故			
	5 月	保守党领袖撒切尔夫人出任英国首相			
	5 月	日本电气公司（NEC）公布个人电脑 PC-8001			
	7 月	索尼公司开始销售第一台 Walkman 随身听			
1980 年		**第 4 章、第 6 章**			
	7 月	铃木善幸内阁成立			
	7 月	第 22 届莫斯科奥运会			
	9 月	两伊战争爆发			
1981 年	1 月	罗纳德·里根就任美国总统			
	8 月	IBM 个人电脑上市			
1982 年	4 月	马岛战争爆发			
	6 月	东北新干线（大宫至盛冈间路段）开始运营			
	11 月	苏联列昂尼德·勃列日涅夫总书记去世			
	11 月	上越新干线（大宫至新潟间路段）开始运营			
	11 月	中曾根康弘内阁成立			
1983 年	4 月	东京迪士尼乐园开业			
	9 月	大韩航空公司客机被苏联战斗机击落			
1984 年	1 月	AT&T 被分解			
	7 月	第 23 届洛杉矶奥运会			
1985 年	3 月	米哈伊尔·戈尔巴乔夫就任苏联最高指导者			
	3 月	筑波世界博览会开幕			
	4 月	NTT、JT 公司开始营业			
	8 月	**日航巨无霸客机坠机事故**			
	9 月	广场协议签订			
	11 月	Microsoft Windows 1.0 上市			
1986 年	4 月	**苏联发生切尔诺贝利核泄漏事故**			
1987 年	4 月	国铁民营化，JR 公司开始营业			
	10 月	黑色星期一。股价大暴跌			
	11 月	竹下登内阁起航			

年	月	日本及世界动向	个人历史记录栏		
			年龄	学年（工作）	经历
1988 年	9 月	第 24 届汉城奥运会			
1989 年	1 月	天皇驾崩，皇太子即位			
	1 月	乔治·布什（老布什）就任美国总统			
	4 月	开始征收消费税（3%）			
	6 月	宇野宗佑内阁起航			
	6 月	波兰举行第一次民主选举，"团结工会"获得胜利			
	8 月	海部俊树内阁成立			
	11 月	**柏林墙被推倒**			
	12 月	罗马尼亚齐奥塞斯库政权倒台			
	12 月	东京政券交易所平均股价涨至 38 915 日元的史上最高峰			
1990 年		**第 5 章、第 6 章**			
	8 月	伊拉克入侵科威特			
	10 月	东京证券交易所跌破 20 000 日元			
	10 月	德国统一			
	11 月	英国撒切尔夫人辞职			
	12 月	团结工会领导人瓦文萨在波兰大选中获胜			
1991 年	1 月	多国部队开始空袭伊拉克（海湾战争爆发）			
	7 月	叶利钦就任俄罗斯共和国总统			
	7 月	大阪地方检察院逮捕伊藤万公司前社长河村良彦			
	8 月	戈尔巴乔夫辞去苏联共产党总书记职务			
	11 月	海部内阁总辞职。宫泽喜一内阁成立			
	12 月	**苏联总统戈尔巴乔夫辞职。苏联解体**			
1992 年	7 月	第 25 届巴塞罗那奥运会			
	10 月	大藏省公布不良债权总额为约 12 万亿日元			
1993 年	1 月	比尔·克林顿就任美国总统			
	6 月	宫泽喜一内阁不信任案被通过。众议院解散			
	8 月	细川护熙联合内阁起航			
	11 月	欧盟开始运行			

年	月	日本及世界动向	个人历史记录栏		
			年龄	学年（工作）	经历
1994 年	4 月	羽田孜内阁起航			
	6 月	村山富市内阁起航			
1995 年	1 月	**阪神、淡路大地震**			
	3 月	地下铁沙林事件			
	8 月	Microsoft Windows 95 上市			
	12 月	东京协和、安全信组事件			
1996 年	1 月	桥本龙太郎内阁起航			
	5 月	决定向住宅金融专门公司投入救助资金			
	7 月	第 26 届亚特兰大奥运会			
1997 年	4 月	提高消费税税率（从 3% 涨至 5%）			
	11 月	三洋证券破产			
	11 月	北海道拓殖银行宣布将营业权转让给北洋银行			
	11 月	山一证券自主停业			
1998 年	4 月	修订日本银行法实施			
	7 月	小渊惠三内阁起航			
	10 月	**日本长期信用银行实施特别管理及国有化**			
	12 月	日本债券信用银行实施特别管理及国有化			
1999 年	2 月	日本银行实施零利率政策			
	12 月	俄罗斯总统叶利钦辞职。由普京代理总统			
2000 年	3 月	普京在俄罗斯大选中当选总统			
	4 月	护理保险制度开始实施			
	4 月	森喜朗内阁起航			
	9 月	第 27 届悉尼奥运会			
2001 年	1 月	乔治·布什就任美国总统			
	3 月	日本银行开始实施量化宽松政策			
	4 月	小泉纯一郎内阁起航			
	9 月	**美国遭到恐怖袭击**			
	10 月	iPod 上市			
2002 年	1 月	欧洲 12 国统一货币"欧元"开始流通			

年	月	日本及世界动向	个人历史记录栏		
			年龄	学年（工作）	经历
2003 年	4 月	美国对巴格达发动地面战争			
	9 月	政府决定对理索纳集团注入救助资金			
	12 月	伊拉克前总统萨达姆·侯赛因被抓获			
2004 年	1 月	外汇干预趋向大规模化			
	8 月	第 28 届雅典奥运会			
	8 月	谷歌首次公开募股（IPO）			
2005 年	8 月	小泉纯一郎首相解散众议院			
2006 年	3 月	日本银行的量化宽松政策结束			
	9 月	第一次安倍晋三内阁起航			
2007 年	6 月	iPhone 在美国开始销售			
	8 月	美国贝尔斯登公司使次级贷款问题浮出水面			
	9 月	福田康夫内阁起航			
2008 年	4 月	晚期高龄者医疗制度开始实施			
	8 月	第 29 届北京奥运会			
	9 月	美国大型投资银行雷曼兄弟公司申请破产保护			
	9 月	麻生太郎内阁起航			
	10 月	美国政府决定投入 7 000 亿美元救助资金			
	11 月	美联储开始第一轮量化宽松政策			
2009 年	1 月	巴拉克·奥巴马就任美国总统			
	8 月	民主党在众议院选举中败北导致政权更迭			
	9 月	鸠山由纪夫内阁起航			
2010 年	6 月	菅直人内阁成立			
	11 月	美联储实施第二轮量化宽松政策			
2011 年	3 月	**东日本大地震**			
	9 月	野田佳彦内阁起航			
2012 年	7 月	第 30 届伦敦奥运会			
	9 月	欧洲中央银行决定无限制购入南欧国债			
	9 月	美联储实施第三轮量化宽松政策			
	10 月	日本银行决定加强金融缓和政策			
	12 月	第二次安倍晋三内阁起航			

年	月	日本及世界动向	个人历史记录栏		
			年龄	学年（工作）	经历
2013 年	4 月	日本银行实施异次元金融缓和政策			
	6 月	安倍内阁通过"日本复兴战略"			
2014 年	4 月	消费税从 5% 提高到 8%			
	6 月	内阁通过"日本复兴战略 2014 修订版"			
	10 月	美联储结束第三轮量化宽松政策			
	10 月	日本银行决定追加金融缓和政策			
2015 年	1 月	欧洲中央银行决定量化宽松政策			

出版后记

　　从 1945 年到 2015 年的 70 年里，日本经历了多个不同的经济发展阶段。其中既有从战后的一片焦土中迅速崛起的战后复兴时期，也有取得举世瞩目的经济成就的高速发展时期，更有走向辉煌顶峰的泡沫经济时期，以及之后看不到尽头的长期萧条时期。

　　对战后日本经济的发展过程，我们除了愿意了解其大致经过和表面现象之外，更希望能够洞悉其背后的机制和原理，并且从中获得有益的经验和教训。

　　从这一角度来看，本书无疑会对我们有所帮助。野口悠纪雄是日本著名经济学家，也是全日本第一个针对泡沫经济的存在及其危害提出公开警告的人。他在本书中不仅回顾了战后日本经济的整个发展过程，还就各种经济现象背后的深层机制及最根本原因提出了独到见解。

　　对于应该如何评价日本迄今为止的经济结构，野口悠纪雄坦言，"如果在第二次世界大战结束 50 周年之际的 1995 年问我这个问题，我可能还无法做出不自相矛盾的回答。"长达 20年的进一步思索和反复追问之后，他才终于把自己所领悟到的核心问题呈现在世人面前。

作为战后日本经济的亲历者以及参与者，野口悠纪雄在论述经济问题的同时，还回忆了自己作为儿童、学生、大藏省官员以及经济学家的很多亲身经历，从另一个视角生动地描绘出日本各个经济发展阶段的社会众生相。

可以说，每个国家的经济发展都将对普通人的生活和命运产生重大影响。野口悠纪雄在提及泡沫经济时写道，"只有泡沫崩溃了之后，人们才能知道它是泡沫。"如果能够启发我们对自身的经济发展多一些思索，相信本书就实现了它的最大价值。

服务热线：133-6631-2326　188-1142-1266

读者信箱：reader@hinabook.com

后浪出版公司

2017 年 10 月

© 民主与建设出版社，2023

图书在版编目（CIP）数据

战后日本经济史 / (日) 野口悠纪雄著 ; 张玲译.
— 北京 : 民主与建设出版社, 2018.4（2024.5重印）
　ISBN 978-7-5139-1384-3

　Ⅰ.①战… Ⅱ.①野… ②张… Ⅲ.①经济史—研究
—日本—现代 Ⅳ.①F131.395.3

中国版本图书馆CIP数据核字(2017)第321624号

战后日本经济史
ZHANHOU RIBEN JINGJISHI

著　　者：[日] 野口悠纪雄　　　　译　　者：张　玲
筹划出版：银杏树下　　　　　　　　出版统筹：吴兴元
责任编辑：王　颂　　　　　　　　　特约编辑：郎旭冉
营销推广：ONEBOOK　　　　　　　 装帧制造：墨白空间·陈威伸
出版发行：民主与建设出版社有限责任公司
电　　话：（010）59417747　59419778
地　　址：北京市海淀区西三环中路 10 号望海楼 E 座 7 层
邮　　编：100142
印　　刷：嘉业印刷（天津）有限公司
版　　次：2018 年 4 月第 1 版
印　　次：2024 年 5 月第 13 次印刷
开　　本：889 毫米 × 1194 毫米　1/32
印　　张：10
字　　数：198 千字
书　　号：ISBN 978-7-5139-1384-3
定　　价：48.00 元